Современная русскоязычная поэзия в контексте анархистской философии

NEUERE LYRIK
Interkulturelle und interdisziplinäre Studien

Herausgegeben von
Henrieke Stahl, Dmitrij Bak, Hermann Korte †,
Hiroko Masumoto und Stephanie Sandler

BAND 11

Михаил Мартынов

Современная русскоязычная поэзия в контексте анархистской философии

Bibliografische Information der Deutschen Nationalbibliothek
Die Deutsche Nationalbibliothek verzeichnet diese Publikation
in der Deutschen Nationalbibliografie; detaillierte bibliografische
Daten sind im Internet über http://dnb.d-nb.de abrufbar.

Umschlagabbildung: Mikhail Martynov

ISBN 978-3-631-85612-3 (Print)
E-ISBN 978-3-631-85955-1 (E-Book)
E-ISBN 978-3-631-85956-8 (EPUB)
E-ISBN 978-3-631-85957-5 (MOBI)
DOI 10.3726/b18697

© Peter Lang GmbH
Internationaler Verlag der Wissenschaften
Berlin 2021
Alle Rechte vorbehalten.

Peter Lang – Berlin · Bern · Bruxelles · New York ·
Oxford · Warszawa · Wien

Das Werk einschließlich aller seiner Teile ist urheberrechtlich geschützt.
Jede Verwertung außerhalb der engen Grenzen des Urheberrechtsgesetzes ist ohne
Zustimmung des Verlages unzulässig und strafbar. Das gilt insbesondere für
Vervielfältigungen, Übersetzungen, Mikroverfilmungen und die Einspeicherung und
Verarbeitung in elektronischen Systemen.

Diese Publikation wurde begutachtet.

www.peterlang.com

А. М. и А. М.

Содержание

Предисловие — 9

Глава I. Анархизм и поэтический авангард. Краткая история вопроса — 13

Глава II. Нелинейные структуры анархистского текста и префигуративная политика. *Риторы* и *террористы* — 37

Глава III. Прагматика протестной поэзии — 53

    3.1. Поэзия как *преступление*, или К вопросу о безотлагательности поэтического действия — 53

    3.2. «Тихий пикет» — 67

Глава IV. *Blackout poetry*: решётки авангарда *vs* дисциплинарные решётки — 75

Глава V. Творчество Егора Летова в контексте (пост-)анархистской философии — 99

Глава VI. Эстетика взрыва в творчестве группировки «Ленинград» («Кольщик» и другие) — 113

Заключение — 125

Библиография — 127

Предисловие

В популярном комиксе Алана Мура и Дэвида Ллойда «V значит вендетта» ("V for Vendetta", 1982–1989) речь главного героя, анархиста-революционера V[1], ведущего борьбу с тоталитарным правительством, нередко принимает поэтическую форму и включает в себя цитаты из произведений У. Шекспира и У. Блейка[2]. Соединение «анархии» и «поэзии» в этом тексте производит впечатление органического единства, хотя сразу непросто однозначно сказать, в чем тут дело, в чем выражается природа этой связи. Не является ясной и степень ее универсальности и объективности, — не ограничены ли они только комиксом Мура и Ллойда? Можно ли увидеть нечто подобное в других примерах? Книга появилась как результат увлеченности этими вопросами. Она посвящена, прежде всего, исследованию условий возможности взаимодействия анархизма с поэтическими формами и практиками и анализу примеров, в которых это взаимодействие осуществляется.

На первый взгляд поэзия и анархия действительно кажутся близкими друг другу феноменами благодаря заложенному в них стремлению к свободе. Как правило, наиболее радикальные и свободолюбивые поэты[3] объявляли себя анархистами. В свою очередь и анархисты говорили о необходимости создания такого анархизма, в котором были бы уравнены роли активиста и поэта[4]. Но свобода не всегда нуждается в словах, да и

---

1   Уильям Блейк, согласно исследованию Питера Маршалла, является одним из основоположников британского анархизма (Marshall 1988).
2   В экранизации комикса 2006 года (режиссер Дж. Мактиг, сценарий братьев Вачовски) анархистская линия была вынесена за скобки. По замечанию Джеймса Гиффорда, подобное исключение является частью существующей в современной популярной культуре общей тенденции к эвфемизации анархизма, к замалчиванию отдельных присущих ему сторон (Gifford 2019, p. 579).
3   Егор Летов говорил, что поэзия возможна только как дерзновенный творческий бунт, спонтанный прорыв к свободе: «Я именно завоевываю внутри себя новые рубежи Безграничности, вседозволенности и дерзновенной вдохновенной всевозможности. И если творческий акт есть утверждение свободы, значит я из тех, кто ее завоевывает. [...] И всевозможные проявления этого бунта и являются, по моим понятиям, настоящей поэзией, к которой никакого отношения не имеет лукавая эстетствующая срань всевозможных "игр в бисер"» (Летов 1997).
4   Например, с точки зрения Герберта Рида, поэт является одним из ключевых агентов социальных преобразований — см. подробнее в главе I. О необходимости сближения ролей активиста и поэта в процессе переосмысления границ протестного участия в классическом анархизме, говорил итальянский анархист Амедео Бертоло в эссе «Оставим пессимизм до лучших времен» ("Lasciamo il

не все поэты считают поэтическое слово пригодным для выражения политической повестки[5].

В книге можно условно выделить две части: теоретическую и практическую. В первой части мы ищем ответы на следующий круг вопросов: существует ли сам феномен анархистской поэзии, и если существует, то как определить его границы? Насколько вообще исторически существенно отношение между анархистским мировоззрением и поэтическим авангардом (глава I)? Способна ли структура поэтического текста в своей остраняющей сложности выражать анархистский протест (глава II)? В чем состоят прагматические основания протестного поэтического высказывания? Должна ли поэзия, претендующая на протестный статус, быть «преступлением», и как это связано с риторикой «безотлагательности» (глава III)?

Вторая часть посвящена рассмотрению примеров. Мы анализируем, во-первых, поэтический блэкаут (*blackout poetry*), в практиках которого актуализируется протестная семантика черного цвета, являющегося одним из важнейших анархистских символов (глава IV). Во-вторых, мы обращаемся к творчеству Егора Летова, — одного из самых известных российских панков, и показываем различные аспекты пересечения тематики его песен с анархистской и постанархистской проблематикой (глава V). В-третьих, в поле нашего внимания попадает творчество группировки «Ленинград», также имеющее отношение к российской панковской культуре. В отличие от Летова с его серьезным отношением к борьбе с различными структурами господства «Ленинград» делает ставку на тотальную несерьезность, соединяя субверсивные элементы стёба с карнавальными элементами «телесного низа» (глава VI).

Исследование сфокусировано главным образом на поэтическом тексте — нам важно показать, какую роль играют философские принципы анархизма в организации поэтического языка, что они добавляют к нашим интерпретационным техникам и как меняют или способны изменить представления о поэтическом. Меньше внимания уделено вопросам о том, что нового добавляет поэтическая репрезентация мира к анархистскому мировоззрению, и как это может способствовать развитию анархистских исследований (*anarchist studies*), — хотя интерес к ним сохраняется в каждой главе.

---

pessimismo per tempi migliori", 1983): «Давайте изобретем многообразный, изменчивый анархизм, который признает равно и активиста, и поэта, и несет в себе одновременно как борьбу, так и жизнь» (Бертоло 2018, с. 7).

[5] Так, например, как отмечает Геннадий Айги, «бороться с какой-нибудь властью не исторически, а актуально — с Брежневым или еще с кем — для литературы и искусства неплодотворно: они вырождаются. В этой ситуации сказать слово "бороться" — это уже признать себя пораженным» (Айги 2001, с. 277).

В отборе материала мы в основном ориентируемся на современную русскоязычную поэзию, на анализ примеров, в которых широко понятый протест против государства и власти заявлен самим автором и открыто декларируется. При этом идентичность поэта может быть плавающей, политически нечетко выраженной, а идея анархии не обязательно заявлена тематически и способна проявляться в различных поэтических экспериментах, создающих актуальные формы сопротивления укорененным в языке фигурам власти или, во всяком случае, ставящих вопрос о возможности такого сопротивления. Для нас значимы также и отдельные примеры поэтических текстов, написанных самими анархистами. В отборе источников книга не претендует на исчерпывающий характер — мы не ставим перед собой задачу охватить все случаи, чтобы затем сформировать из них что-то похожее на «справочник». Вопросительная интонация в работе имеет собственную ценность, определяющую открытый характер создаваемых в исследовании теоретических конструкций.

***

Исследование выполнено в рамках международного проекта Немецкого научно-исследовательского сообщества «Русскоязычная поэзия в транзите: поэтические формы обращения к границам жанра, языка, культуры и общества между Европой, Азией и Америкой» (Russischsprachige Lyrik in Transition: Poetische Formen des Umgangs mit Grenzen der Gattung, Sprache, Kultur und Gesellschaft zwischen Europa, Asien und Amerika, FOR 2603) в Трирском университете. Работа над текстом была начата весной 2019 года в Трире и завершена осенью 2020 года в Чебоксарах. В книге также нашли отражение и развитие идеи более ранних исследований, что специально оговаривается в подстрочных комментариях. Автор благодарит руководителя проекта профессора Хенрике Шталь за возможность реализовать задуманное, коллег из России и Германии, а также все интернациональное сообщество проекта, за продуктивный научный и творческий диалог. Отдельную признательность автор выражает Наталии Азаровой, Кириллу Корчагину, Анне Мартыновой, Андрею Павлову и Петру Рябову за их ценные советы и дружескую поддержку.

Глава I. Анархизм и поэтический авангард. Краткая история вопроса

Становление анархизма как направления политической мысли тесно связано с интеллектуальной историей XIX столетия[6], когда в текстах Прудона и Годвина, Бакунина и Кропоткина начал теоретически оформляться антиавторитарный взгляд на проблему взаимодействия индивида и общества[7]. Почти все анархисты разделяют критическую позицию по отношению к каким бы то ни было формам господства и подчинения. Они отрицают иерархические структуры государства, подавляющие самым прямым и очевидным образом свободу личности, и предлагают заменить их принципами самоуправления и добровольного сотрудничества. Но отрицая иерархии и утверждая горизонталистские принципы, далеко не всегда анархисты совпадают друг с другом во взглядах по вопросу осуществления антиавторитарных проектов. В одних версиях анархизма необходимым условием социальных преобразований объявляется насилие, в других, тесно связанных с религиозной мыслью, анархисты решительно отстаивают пацифистские взгляды. Не существует единства и относительно трактовок понятий хаоса и порядка, частной собственности, условий организации анархистских сообществ и др.

В то время как одни исследователи, оценивая разногласия между различными анархистскими направлениями, выдвигают предположение о том, что анархизм не является цельным мировоззрением и представляет собой условную точку пересечения разных антиавторитарных взглядов и идеологий[8], другие, напротив, как раз в противоречиях и разноуровне-

---

6   При этом элементы анархического мышления обнаруживаются исследователями в различных эпохах и культурах. См. Лурье (2009).

7   В процессе своего развития анархистская теория сохранила значимость этой проблемы вплоть до начала XXI века, разнообразив ее новыми ракурсами и способами решения. Например, по мнению Синди Милштейн, напряженность между индивидом и обществом проявляется в современном анархизме в попытке соединить его широкое понимание свободы и универсалистские цели левых с частными целями новых социальных движений, ориентированных на проблемы гендера, сексуальности, этнической принадлежности и др. (Milstein 2010, p. 92).

8   Дэвид Миллер говорит об анархизме как о трудной для четкого определения идеологии, сопротивляющейся простым и ясным дефинициям. В анархизме много парадоксов и противоречий, он аморфен, не имеет четкого смыслового ядра, неизменяемых теоретических предположений и взглядов относительно истории, экономики, политики и др. "We must face the possibility that anarchism is not really *an* ideology, but rather the point of intersection of several ideologies"

вой сложности видят анархистскую специфику и не считают это препятствием для достижения анархистского идеала. Еще Алексей Боровой в начале XX века отмечал, что «анархизм — миросозерцание динамическое», и «анархический идеал не знает конечных форм»[9].

Эта мысль находит поддержку у современных исследователей анархизма, например, у Лоуренса Дэвиса, который, во-первых, сравнивает анархизм с перформансом, существующим только в процессе его исполнения[10], а во-вторых, определяет имеющиеся в анархизме крайности и противоречия в качестве черт присущего ему протеизма. Согласно исследователю, анархизм является одновременно традиционным и новаторским, рефлексивным и ориентированным на действия, критическим и конструктивным, разрушительным и созидательным, организованным и спонтанным, рациональным и романтическим, чувственным и духовным, женским и мужским, эволюционным и революционным, прагматичным и утопическим, личным и политическим, индивидуалистическим и коллективистским[11].

Последняя из названных оппозиций (*индивидуальное — коллективное*) является одной из важнейших в структуре анархистской социальной теории, и, как мы увидим в дальнейшем, она определяет специфику анархистского влияния на культуру XX века, в том числе на изобразительное искусство и поэзию.

(Miller 1984, p. 3). «Мы должны признать, что анархизм — это на самом деле не настоящая идеология, а скорее точка пересечения нескольких идеологий» (Здесь и далее перевод наш — *М.М.*).

9   Боровой (2009, с. 154). И далее Боровой пишет, что «тот, кто стал анархистом, не боится противоречий; он сумеет их творчески изжить в самом себе» (Там же, с. 160). В современном теоретическом контексте эта мысль Борового находит отражение в термине «постлевый анархизм» (*post-left anarchy*), который предполагает синтез различных направлений анархической мысли и отказ от строгого и однозначного соответствия политическим координатам «правое-левое».

10 "Anarchy may be understood as a performance art, which like all performance art exists only while it is being performed. […] In other words, anarchy is generated by people in an anarchist state of mind, and by the actions they take in accordance with that state of mind. When this action ceases, when individual and popular vigilance relax, then the door is opened to a tyranny of either the minority or majority" (Davis 2019, p. 63). «Анархию можно понимать как перформанс, который, как и все перформансы, существует только во время исполнения […]. Другими словами, анархия порождается людьми, находящимися в анархическом состоянии сознания, и действиями, которые они совершают в согласии с этим состоянием сознания. Когда действие прекращается, когда индивидуальная и общественная активность снижается, тогда открывается дверь тирании либо меньшинства, либо большинства».

11 Ibid., p. 65.

Отношение между индивидуальным и социальным затрагивает так или иначе проблему свободы, которая в анархизме объявляется абсолютной ценностью и высшей целью человеческого развития. В трактовке М.А. Бакунина, «свобода неделима: нельзя отсечь ее часть, не убив целиком»[12]. Это утверждение представляет собой альтернативу широко распространенной теории общественного договора Томаса Гоббса, в которой человек часть своих прав и свобод передает государству и получает взамен гарантию мира и защиты.

Утверждая абсолютную автономию личности, анархисты тем не менее не отказываются ни от социального взаимодействия, ни от развития общественных отношений[13]. Как подчеркивает М.А. Бакунин, сознание свободы возможно только в коллективе.

> Происходя от гориллы, человек лишь с громадными трудностями достигает сознания своей человечности и осуществления своей свободы. [...] И он может достичь этого лишь коллективными усилиями всех бывших и настоящих членов этого общества, которое, следовательно, есть основа и естественная исходная точка его человеческого существования. Из этого следует, что человек осуществляет свою индивидуальную свободу, или свою личность, лишь дополняя себя всеми окружающими его индивидами и лишь благодаря труду и коллективному могуществу общества.[14]

Учитывая сложность непротиворечивого согласования индивидуального и социального, вопрос о принципах устройства сообщества является в анархизме одним из важнейших[15].

В монографии 1997 года «Анархия и культура» Дэвид Уир обосновывает мысль, согласно которой политическая модель анархизма, основанная на ценностях индивидуальной автономии, повлияла на развитие различных сфер культуры XX века гораздо более существенным образом, чем на развитие собственно политической сферы[16]. Это выразилось, в

---

12 Бакунин (1989, с. 67, 89).

13 В этом отношении анархисты критикуют эскапистскую модель Ж.-Ж. Руссо, в которой идеализируется догосударственное естественное состояние человека. Согласно М.А. Бакунину, «естественная свобода» Руссо является «абсолютной зависимостью человека-гориллы от постоянного давления внешнего мира» (Там же, с. 87).

14 Бакунин (1919, с. 262). Российский анархист Вадим Дамье предлагает следующую формулировку: «Свобода одного человека предполагает свободу другого человека и не может ею ограничиваться. Получается, что свобода каждого есть условие для свободы всех. И свобода всех, в свою очередь, есть условие для свободы каждого» (Дамье эл. ресурс а).

15 См. подробнее: Davis (2019).

16 "Anarchism proposes a type of politics that allows individuals an unprecedented degree of social autonomy. They may, if they choose, form associations with other autonomous individuals, so long as no hierarchies are created within the associations,

частности, в модернистских установках на фрагментацию и автономию, составляющих важнейшие основания индивидуалистической поэтики сюрреализма, дадаизма и других направлений авангардного искусства[17].

Хотя тезис о тесной взаимосвязи авангардного искусства и анархизма находит поддержку у целого ряда исследователей[18], сам термин *авангард* является проблемным и устраивает не всех. Например, Дани Спиноза в вышедшей в 2018 году книге «Anarchists in the Academy», посвященной исследованию отношений между радикальными поэтическими практиками и анархистскими идеями, вместо термина «авангардная поэзия» использует термин «экспериментальная поэзия»[19]. Основные претензии к термину «авангард» связаны с его марксистской интерпретацией, широко распространенной и представляющей идею «авангарда» в авторитарном ключе. По этой причине собственно анархистская трактовка термина нуждается в определенной исторической реконструкции.

Дональд Эгберт отмечает, что появление понятия *авангард* в XIX веке было тесно связано с теоретическими работами Сен-Симона[20], который в своей последней книге «Новое христианство» (1825) разработал радикальную религиозную концепцию, объявившую старое христианство не способным выполнять интегрирующую функцию в новом индустриаль-

---

and, most important, no government controls the activities of either the individuals or the associations they form. [...] A single person can be as valid a political entity as a group of people. I hold that this political model has had widespread cultural effect. Modernist culture, for example, is characterized by nothing so much as a tendency toward fragmentation and autonomy, a dual formula that holds regardless of whether the topic is the behavior of individual artists and writers or the works they produced. The anarchist strain in modernist culture is no less manifest today, for nothing could be further from contemporary conceptions of culture than homogeneity" (Weir 1997, p. 5). «Анархизм предлагает такой тип политики, который предоставляет индивидуумам беспрецедентную степень социальной автономии. Они могут свободно создавать ассоциации с другими автономными лицами при условии, что внутри ассоциаций не возникают иерархии, и, самое главное, ни одно правительство не контролирует их деятельность. [...] Один человек может быть такой же действительной политической единицей, как и группа людей. Я считаю, что эта политическая модель имеет широкий культурный эффект. Модернистская культура, например, характеризуется тенденцией к фрагментации и автономии, которая сохраняется вне зависимости от того, идет ли речь о поведении отдельных художников и писателей или о произведениях, которые они создали. Анархистская повестка в модернистской культуре сегодня не менее очевидна, поскольку ничто не может быть дальше от современных представлений о культуре, чем однородность».

17   Ibid.
18   См., например: Antliff (2007), Egbert (1970), Leighten (2007).
19   Spinosa (2018, p. XIX).
20   Egbert (1970).

ном обществе. Согласно Сен-Симону, необходима новая религия, в которой главенствующее место должны занять художники и поэты. Благодаря своему воображению возможного будущего они способны вдохновить и подтолкнуть человечество к прогрессу.

Идея художника как новатора, определяющего ключевые направления для культурного и исторического развития, в дальнейшем легла в основу марксистского представления о лидирующей роли пролетариата, высказанного в общих чертах уже в «Манифесте коммунистической партии» (1848)[21]. Позднее близкая идея была провозглашена в работе Ленина «Что делать?» (1902), в которой творческое воображение уступает место научному методу, а лидирующая роль художника переходит к авангардистской партии, вооруженной «передовой теорией»[22]. Авангардизм здесь выражает авторитарный подход к социальным преобразованиям, что дает основание для критики авангардизма в анархистских текстах.

Отчетливую антиавангардистскую позицию занимает современный анархистский философ Дэвид Грэбер, с точки зрения которого анархизм в целом не определяется через авангардистское сознание. Анархистский интеллектуал не создает обязательную к исполнению передовую теорию, — он только исследует социальные альтернативы и оценивает их возможности для построения более справедливого общества[23]. И сам анархизм, по Грэберу, не является результатом изобретения интеллектуальными лидерами, в отличие от марксизма, который обязан своему появлению прежде всего интеллектуальному проекту Карла Маркса и его соратника Фридриха Энгельса. Анархизм является частью жизни, — он рождается из «живой ткани социальности»[24], его ценности всегда присутствуют в общественных отношениях. Грэбер пишет, что мыслители XIX века, с которыми традиционно связывают историю анархизма (П.-Ж. Прудон, М.А. Бакунин, П.А. Кропоткин и др.), не считали себя изобретателями чего-то особенно нового[25].

---

21 К. Маркс и Ф. Энгельс, правда, не использовали термин «авангард» в этом тексте.
22 Мысль о лидирующей роли ученого, возможно, обязана Огюсту Конту, который дал продолжение многим начинаниям и идеям Сен-Симона. Конт, в частности, пытался объединить все науки под началом социологии. Согласно его позитивистской концепции, ученый-социолог не только объясняет социальное устройство, но в конечном итоге дает также и рекомендации по регулированию и контролю различных аспектов человеческой жизни в соответствии с научными принципами (См. подробнее: Graeber 2009).
23 Ibid., p. 110-111.
24 Рябов (2011, с. 89).
25 Известно, что марксизм-ленинизм настаивал на том, что пролетариат не способен выработать классовое сознание и ему требуется помощь интеллектуального лидера. Эту мысль формулирует Ленин в работе «Что делать?»: «Мы сказали, что социал-демократического сознания у рабочих *и не могло быть*. Оно могло быть

They saw anarchism more as a kind of moral faith, a rejection of all forms of structural violence, inequality, or domination (anarchism literally means "without rulers"), and a belief that humans would be perfectly capable of getting on without them. In this sense, there have always been anarchists, and presumably, always will be.[26]

Они рассматривали анархизм скорее как разновидность нравственной веры, отказ от всех форм структурного насилия, неравенства или господства (анархизм буквально означает «без правителей»), а также веру в то, что человек вполне способен обойтись без них. В этом смысле анархисты существовали и, вероятно, всегда будут существовать.

Обратим внимание также на то, что один из родоначальников анархизма в XIX веке П.-Ж. Прудон в работе «Что такое собственность?» начинает определение своей анархической позиции с отрицания других политических понятий[27]. Определение понятия через описание того, чем оно не является, всегда шире любых положительных его определений[28]. По этой логике отрицание, заложенное в основе термина анархизм, размывает его референциальные границы, что позволяет нейтрализовать авторитарную позицию, в которой неизбежно оказывается любой дающий имена[29] или новую жизнь (власть отца).

принесено только извне. История всех стран свидетельствует, что исключительно своими собственными силами рабочий класс в состоянии выработать лишь сознание тред-юнионистское, т. е. убеждение в необходимости объединяться в союзы, вести борьбу с хозяевами, добиваться от правительства издания тех или иных необходимых для рабочих законов и т. п. Учение же социализма выросло из тех философских, исторических, экономических теорий, которые разрабатывались образованными представителями имущих классов, интеллигенцией» (Ленин 1963, с. 30).

26   Graeber (2009, p. 105). Эта точка зрения в анархизме является распространенной. Ср., например, с тезисом П.В. Рябова о том, что «анархизм существовал на протяжении всей известной человеческой истории» (Рябов 2020, с. 10).

27   «Вы демократ? — Нет. — Как, неужто вы монархист? — Нет. — Конституционалист? — Боже сохрани! — Ну, значит, вы аристократ. — Вовсе нет! — Так вы желаете установления смешанного правительства? — Еще раз нет! — Да кто же вы, наконец? — Я анархист! — Я понимаю вас, вы иронизируете по адресу правительства. — Вовсе нет: то, что я сказал, составляет мое серьезное и глубоко продуманное убеждение; хотя я большой приверженец порядка, тем не менее я в полном смысле слова анархист» (Прудон 1998, с. 190).

28   Ф.Г. Юнгер в книге «Язык и мышление» пишет, что «утвердительное суждение содержит большее по объему отрицание, чем отрицательное». Например, «в тезисе "курица — это птица" отрицается нечто большее, чем в тезисе "курица — это не млекопитающее", [...] ибо область, включающая в себя всех, кто является птицей, уже, чем область, включающая в себя всех тех, кто не является млекопитающим» (Юнгер 2005, с. 127).

29   Ф. Ницше в работе «К генеалогии морали» высказывает мысль, что в способности именовать реальность проявляется «власть господствующих натур»: «Право

Сказанное выше не означает, что анархисты не пытались представить очертания анархистского будущего, но их проекты, как правило, носили рекомендательный характер[30]. Среди различных направлений анархистской мысли вопрос об устройстве анархического общества наиболее детально был разработан в анархо-синдикализме. Одним из самых известных документов, в котором излагаются подробности этого устройства, является «Сарагосская программа», принятая на конгрессе испанской НКТ[31] в мае 1936 года в Сарагосе. Этот документ представлял собой определенный компромисс между воззрениями различных течений в НКТ — коммунитаристами (анархо-коммунистами) и индустриалистами (синдикалистами), и описывал устройство будущего общества[32].

Важно обратить внимание и на существующую в анархизме позицию радикального отказа от социального проектирования. Аргументация анархистов была связана с тем, что какие-либо организационные подробности не могут быть получены заранее, например, в результате инсайта или акта божественного откровения, и должны быть выработаны самим человеком в процессе его конкретной практической деятельности. Об этом пишет, например, Л.Н. Толстой:

> Если бы жизнь отдельного человека при переходе от одного возраста к другому была бы вполне известна ему, ему незачем бы было жить. То же и с жизнью человечества: если бы у него была программа той жизни, которая ожидает его при вступлении в новый возраст его, то это было бы самым верным признаком того, что оно не живет, не движется, а толчется на месте. Условия

господ давать имена заходит столь далеко, что позволительно было бы рассматривать само начало языка как проявление власти господствующих натур; они говорят: "это *есть* то-то и то-то", они опечатывают звуком всякую вещь и событие и тем самым как бы завладевают ими» (Ницше 2012, с. 243).

30 В анархизме присутствует революционный настрой, но он не обязательно предполагает работу авангардистского сознания. Например, в манифесте иркутских анархистов революционность и авангардизм четко разделяются: «Наша группа провозглашает себя революционерами, но мы не являемся "авангардом", с нашей точки зрения революция должна быть делом всего общества. Наша деятельность на данном этапе заключается в просвещении, помощи угнетенным и публичном освещении социальных проблем» (ДИАНА эл. ресурс).

31 НКТ — Национальная конфедерация труда.

32 «В основе будущего свободного общества должна была лежать двойная организация: территориальная (вольные коммуны и их федерации) и отраслевая (синдикаты как ассоциации производителей и экономические органы коммун). Программа ратовала за децентрализованное планирование снизу на основе статистического определения потребностей и производственных возможностей. Деньги подлежали отмене и замене карточкой производителя и потребителя, которая только свидетельствовала о том, что ее обладатель действительно трудится» (Дамье 2010, с. 93-94). Об осуществлении этой программы в ходе Испанской революции 1936 года см.: Там же, с. 127.

нового строя жизни не могут быть известны нам, потому что они должны быть выработаны нами же. Только в том и жизнь, чтобы познавать неизвестное и сообразовать с этим новым познанием свою деятельность.[33]

В XIX веке трактовка термина авангард не ограничивалась одной только марксистской теорией. Существовала также традиция более широкого понимания, и к авангарду мог относиться любой, кто исследует путь к будущему свободному и справедливому обществу. Во Франции, Испании, Италии и Аргентине в это время функционировало много радикальных периодических изданий, в том числе и анархистских, использующих в названии одно и то же слово *авангард*. Например, в редактировании швейцарской анархистской газеты L'Avant-Garde, издававшейся в период с 1877 по 1878 год, активное участие принимал Петр Кропоткин[34].

Фрагмент титульной страницы швейцарской анархистской газеты «Авангард». Фотография Поля Брусса (Paul Brousse)[35]

Как отмечает Дональд Эгберт, анархистское мировоззрение благодаря имеющимся в нем индивидуалистическим ценностям было популярнее у представителей творческой богемы XIX века, чем марксизм, идеология которого оставляла намного меньше пространства для индивидуальной экспрессии. Термин *богема* был придуман О. де Бальзаком и означал в

---

[33] Толстой (1957, с. 208). Отказ от точного прогнозирования будущего социального порядка можно встретить и у других анархистов. Например, аргентинская ФОРА (Federación Obrera Regional Argentina, FORA — Аргентинская региональная рабочая федерация), критикуя детерминистическое линеарное представление истории в марксизме и прогрессистский индустриализм, отказывалась от проектирования общества будущего. Она объясняла это «посягательством на революционную стихию и импровизацию самих масс. Социализм — вопрос не технической и организационной подготовки, а распространения чувства свободы, равенства и солидарности» (Дамье 2010, с. 89).

[34] Graeber (2007, p. 252).

[35] L'Avant-Garde (эл. ресурс).

широком смысле художников-нонконформистов, которые рассматривали себя как авангард по отношению к буржуазии и централизованному правительству[36]. Если, согласно Сен-Симону, искусство должно служить обществу, то для богемы это не было обязательным, — художник мог сосредоточиться на своем внутреннем эмоциональном мире. Одним из важнейших следствий анархистской индивидуалистической установки была концепция автономности искусства (*l'art pour l'art*), подчеркивающая ценность искусства самого по себе, его независимость от политики и несводимость к пропаганде[37]. Оскар Уайльд и Камиль Писсарро являются, наверное, одними из самых известных примеров в XIX веке, демонстрирующих совмещение концепции «искусства для искусства» с анархистскими взглядами. Возможность автономного существования искусства и политики позволяла различным авангардным группам одновременно использовать анархистские принципы в своей эстетической программе и при этом держаться в стороне от прямого политического участия[38].

Анархистские идеи активно набирают силу и становятся популярными в конце XIX и в первые два десятилетия XX века. Во Франции перед

---

36   Egbert (1970, p. 78).
37   Параллельно процессу как бы «тихой» интериоризации анархистских идей, обеспечивающей возможность их неполитического использования, в анархизме в XIX веке начала также оформляться и социальная концепция искусства, которую развивали П.-Ж. Прудон и П.А. Кропоткин. П.-Ж. Прудон в трактате «Искусство, его основания и общественное назначение» на примере произведений Гюстава Курбе доказывал, что искусство существует не для славы или выгоды, а «для общего блага и усовершенствования человеческого рода» (Прудон 1865, с. 146). П.А. Кропоткин, чьи идеи оказали сильное влияние на поэта-анархиста Герберта Рида, в ряде текстов сформулировал несколько важных положений о связи творчества с повседневной жизнью и социально-полезным трудом. См. Кропоткин (1919, с. 148-149).
38   См. также об этом: Gurianova (2012, p. 9-10). Ценным является также наблюдение Дэвида Уира о двусмысленности понятия *революционер* по отношению к искусству. Оно подразумевает нонконформизм одновременно в двух смыслах — в качестве отказа от предшествующей художественной традиции и в качестве определенной активности, направленной на изменение мира. "All too often, the revolutionary artist is not revolutionary in the second sense of the word; nonconformity, in fact, implies a paradoxical acceptance of social conditions and abrogates the need to transform them. The bohemian artist, for example, may separate from society without so much as commenting on the condition of alienation caused by the very society from which he separates" (Weir 1997, p. 1). «Очень часто художник-революционер не является революционером во втором смысле этого слова, что, по сути, подразумевает парадоксальное принятие им социальных условий и отменяет необходимость их преобразования. Богемный художник, например, может отделиться от общества, не комментируя состояние отчуждения, обусловленное тем самым обществом, от которого он отделяется».

Первой мировой войной, как утверждает Патриция Лейтен, политическая философия анархизма имела большее влияние на развитие различных направлений модернистского искусства (фовизм, кубизм, орфизм и др.), по сравнению с другими левыми политическими идеологиями[39]. Писатели и поэты открыто провозглашали себя анархистами или говорили о своих к нему симпатиях. В ряде случаев влияние анархистских ценностей проявлялось не прямым способом и не обязательно было связано с вопросами идентичности. Джеймс Гиффорд обращает внимание на то, что ориентированная на внутреннюю жизнь индивида повествовательная техника *потока сознания* в творчестве Джеймса Джойса имела тесную связь с антиавторитарным анархистским мышлением[40]. Или, например, Роджер Фарр раскрывает поэтику не считавшего себя анархистом Хуго Балля[41] в качестве связующего звена между двумя порядками репрезентативных полей — социально-политического и языкового[42], и в этой перспективе показывает отношение творчества знаменитого дадаиста к современной постанархистской философии.

В фундаментальном исследовании «Эстетика анархии» Нина Гурьянова раскрывает особенности распространения анархистского мировоззрения в раннем русском художественном авангарде (1910–1918). Обращение к анархистским ценностям в различных авангардных направлениях проявлялось в «антителеологическом стремлении к свободе художественного сознания, не ограниченного какими-либо прагматическими политическими, социальными или эстетическими целями» ("an anti-teleological desire for freedom of artistic conscience, not limited by any pragmatic political, social, or aesthetic goals"[43]), в общей установке на широкую автономию художника, стремящегося избежать «идеологической или эстетической тотализации» ("ideological or aesthetic totalization"[44]). Особенности эстетической идеологии раннего русского художественного авангарда Гурьянова определяет термином «эстетика анархии», означающем прежде всего отказ от строгих правил в искусстве, например, от жанровых границ, задающих удобные формы и направления для реализации творческой энергии художника[45].

---

39 Leighten (2007, p. 27).
40 Gifford (2019, p. 574-575).
41 Хуго Балль: "I have examined myself carefully. I could never bid chaos welcome, throw bombs, blow up bridges, and do away with ideas. I am not an anarchist" (Цит. по: Farr 2010, p. 15). «Я тщательно изучил себя. Я никогда не смог бы приветствовать хаос, бросать бомбы, взрывать мосты и уничтожать идеи. Я не анархист» (15 июня 1915).
42 Ibid., p. 22.
43 Gurianova (2012, p. 2).
44 Ibid., p. 276.
45 Ibid., p. 2.

В начале XX века симпатии к анархии и анархизму проявляли многие русские поэты и художники[46], но не каждого из них можно считать последовательным анархистом. Не был, например, таковым Александр Блок, но в 1907 году, отзываясь на общее движение революционного подъема, он выступил в печати с призывом: «Займем огня у Бакунина! Только в огне расплавится скорбь, только молнией разрешится буря»[47]. В 1905–1907 годах анархистских взглядов придерживался Валерий Брюсов, которого В.И. Ленин небезосновательно назвал «поэтом анархистом»[48]. В течение короткого периода примерно в эти же годы идеями анархизма были увлечены Андрей Белый и Осип Мандельштам[49].

Обращение к идеалам анархии прослеживается также в творчестве Василиска Гнедова, Сергея Есенина[50], Алексея Крученых, Николая Минского, Даниила Хармса[51], Велимира Хлебникова, Тихона Чурилина, Вадима Шершеневича[52] и др. Важно сказать и о творчестве самих анархистов. Например, поэтические тексты публиковали создатели теории

Анархистские идеи в творчестве представителей русского художественного авангарда раскрываются также в работах О. Бурениной (Буренина 2006; Буренина-Петрова 2016), И. Смирнова (Смирнов 2012) и других.

46 Варвара Степанова в 1919 году писала о том, что «русская живопись так же анархична по своим принципам, как и Россия по своему духовному движению» (Цит. по: Буренина-Петрова 2016, с. 121).

47 Блок (2014, с. 194).

48 См. Рублев (2012, с. 110).

49 Там же, с. 111.

50 См. Рублев (2013), Рублев (2014).

51 Вопрос об отношении творчества Даниила Хармса к идеям анархизма рассматривает, например, Ольга Буренина: «В тексте *Власть* Хармс полемизирует с пониманием власти, изложенным в работе его современника Макса Вебера (*Wirtschaft und Gesellschaft*, 1925). Для Вебера власть (Macht) всегда связана с насилием, которое по своей сущности всегда инструментально и как всякое средство нуждается в цели. Хармс, озаглавив свой короткий рассказ "Власть", ни разу не упоминает этого понятия. Напротив, он посвящает текст теме любви. Однако его размышления о любви перекликаются с выдвинутым Петром Кропоткиным законом о взаимопомощи и солидарности. [...] Любовь, с точки зрения Хармса, снимает иерархию, создает свободу выбора и изолирует личность от законов, устанавливаемых государственным порядком» (Буренина 2006, с. 295).

52 Вадим Шершеневич в статье «Искусство и государство» восклицает: «Мы, имажинисты, — группа анархического искусства, — с самого начала не заигрывали со слоновой нежностью... С термином, что мы пролетарское творчество, не становились на задние лапки перед государством. Государство нас не признает — и слава Богу! Мы открыто кидаем свой лозунг: Долой государство! Да здравствует отделение государства от искусства. [...] Под наши знамена — анархического имажинизма — мы зовем всю молодежь, сильную и бодрую. К нам, к нам, к нам!» (Шершеневич 1996, с. 375).

пананархизма братья Абба и Вольф Гордины[53], основатель анархизма-биокосмизма Александр Святогор (А.Ф. Агиенко)[54], анархисты Борис Верхоустинский, Евгений Моравский[55], Александр Ярославский[56] и другие. Стихотворения анархистов нередко издавались анонимно или под псевдонимами[57].

В начале XX века анархистские идеи занимали заметное место в литературных и философских дискуссиях. Известна, например, полемика вокруг текста Георгия Чулкова «О мистическом анархизме» (1906), в которой приняли участие Андрей Белый, Валерий Брюсов, Вячеслав Иванов и др. Вступительную статью к этой работе написал Вячеслав Иванов, который суть мистического анархизма видел в идее неприятия мира, в уходе от мира земного и его власти во имя мира небесного.

> Мистический анархизм, — пишет Иванов, — до конца утверждает свою подлинную сущность только в этом споре *против мира данного* во имя мира, долженствующего быть, — так что идея неприятия является ближайшим определением мистического анархизма.[58]

Этот тезис был созвучен собственным мировоззренческим ориентирам Вяч. Иванова, который оценивал скитальчество, бродячий образ жизни в качестве идеала «анархического отрицания общественного строя»[59]. Об этом он говорил, разбирая поэму А.С. Пушкина «Цыганы» и называя ее анархической поэмой. Табор цыган представлялся Иванову в качестве идеального анархического союза, идеальной анархической общины. При этом скитальчество как отрицание мира и как достижение вольности было обеспечено религиозным началом[60].

---

53 Братья Гордины (1918), Братья Гордины (2019).
54 Святогор (2017).
55 Эрманд (1919, с. 7), Эрманд (1921, с. 1), Рублев (2014, с. 513).
56 См. Леонтьев (2012, с. 127-128).
57 См., например, публикации стихов в анархистских газетах и журналах «Жизнь и творчество русской молодежи. Орган Всероссийской федерации анархистской молодежи» (1918–1919), «Революционное творчество. Ежемесячный журнал науки, искусства, социальной жизни и кооперации под углом зрения общего анархизма» (1918), «Анархия. Орган Московской федерации анархистских групп» (1917–1918), «Вольный труд. Орган Питерской Федерации Анархо-Синдикалистских групп» (1918–1919), «Вольная жизнь» (Журнал «Всероссийской Федерации Анархистов-Коммунистов», 1919–1922), «Под черным знаменем. Орган нижегородской федерации анархистов» (1918), «Голос Анархии. Орган Саратовской свободной ассоциации анархистских групп» (1917–1918), «Буревестник. Орган Федерации анархических групп» (1917–1918) и др.
58 Иванов (2007, с. 98).
59 Там же, с. 139.
60 По мысли А.Л. Доброхотова, «неприятие мира» — это вообще характерная черта русского характера (Доброхотов 2008, с. 115), то есть это не чисто анархистская

После революции 1917 года симпатизировавшие анархизму авангардные художники больший интерес начинают проявлять к коммунистическим идеям. Со временем меняется и нонконформистская установка авангарда по отношению к буржуазному обществу. Авангард, согласно Эгберту, постепенно встраивается в буржуазную культуру, которой когда-то был противопоставлен[61]. Если еще в 80-х годах работа художником с точки зрения обывателя, стремящегося к гарантированному житейскому счастью, представлялась малоперспективной из-за ее авантюристского духа, то участие в широком поле современного выставочного проектирования, наоборот, все больше начинает ассоциироваться с успешностью[62]. В этом плане вопрос о том, как соотносятся поэзия и анархизм, не может быть ограничен одним авангардизмом и требует более широкого тематического рассмотрения, представленного, например, в классификации Дэвида Гудвея, который описывает три возможных способа взаимосвязи между анархизмом и литературой:

> First, some writers, whether or not professed anarchists, are natural contrarians, regarding it as their duty to act as grit in the machinery of government and to provide a voice for the voiceless. Second, many significant writers, again not necessarily consciously anarchist or libertarian, are humanists who see through the existing economic, political, social and (perhaps most frequently) legal orders, supporting the individual or group who comes into conflict with them. Lastly, there are the writers who do identify with anarchism or a more general left-libertarianism.[63]

Во-первых, некоторые писатели, независимо от того, принимают они анархизм или нет, являются бунтарями по своей природе, считая своим долгом мужественно противостоять механизму государственного управления и обеспечивать голос тем, кто его лишен. Во-вторых, многие выдающиеся писатели,

---

идея. Важно, что «бегство от мира» связано еще и с христианскими ценностями. Эту связь, например, раскрывает Сергей Булгаков в «Свете невечернем». Он пишет, что вместе с открытием Бога открывается и новое ощущение мира как противоположного Богу, как удаленного от него, хотя от него зависящего, — и в этой удаленности происходит открытие несовершенства мира, его «относительности и греховности», в связи с чем «одновременно зарождается и стремление освободиться от "мира", преодолеть его в Боге» (Булгаков 1994).

61 См. подробнее: Egbert (1970).
62 Эту мысль развивает Паскаль Гилен в книге «Бормотание художественного множества»: сегодня «решение стать художником никого не пугает и не удивляет, а экзотическая аура вокруг артистического призвания улетучилась. Креативность, новаторство, оригинальность и даже чудачество находят поддержку у бизнесменов и чиновников. "Прогрессивный" предприниматель эпохи постфордизма видит в искусстве коммерческий потенциал, а политик использует его для развития креативного города, который сможет устоять в глобальной конкуренции с другими городами» (Гилен 2015, с. 9).
63 Goodway (2012, p. 192).

опять же не обязательно убежденные анархисты или либертарианцы, являются гуманистами, которые показывают внутреннее устройство существующих экономических, политических, социальных и (возможно, чаще всего) правовых порядков, поддерживая индивида или группу, которые вступают с ними в конфликт. Наконец, есть писатели, которые отождествляют себя с анархизмом или более общим лево-либертарианством.

Классификация Гудвея выглядит широкой, — настолько, что начинает конкурировать с границами любой радикально настроенной литературы. На наш взгляд, в этой «широте», несмотря на ее низкую таксономическую пригодность, есть своя логика и необходимость. В определенной мере она связана с невозможностью заранее установить четкое соответствие между темой или жанром, в котором работает художник, радикальностью создаваемых им произведений[64] и анархистской идентичностью. Если мы имеем дело не с поэзией, например, Герберта Рида, легко помещающейся в теоретическую анархистскую рамку благодаря выдвинутой им в ряде эссе концепции «поэта-анархиста»[65], то определить отношение какого-либо радикально настроенного поэта к вопросам анархии возможно, по всей видимости, только с той или иной степенью (не)уверенности.

---

64 См. подробнее: Paraskos (2015, p. 25-28).
65 В сборнике «Поэзия и анархизм» ("Poetry and Anarchism", 1938) Рид объявляет поэта анархистом: "I realise that form, pattern, and order are essential attributes of existence; but in themselves they are the attributes of death. To make life, to insure progress, to create interest and vividness, it is necessary to break form, to distort pattern, to change the nature of our civilisation. In order to create it is necessary to destroy; and the agent of destruction in society is the poet. I believe that the poet is necessarily an anarchist, and that he must oppose all organised conceptions of the state, not only those which we inherit from the past, but equally those which are imposed on people in the name of the future". «Я понимаю, что форма, структура и порядок являются существенными атрибутами существования; но сами по себе они являются атрибутами смерти. Чтобы произвести жизнь, обеспечить прогресс, создать интерес и жизненность, необходимо сломать форму, исказить образец, изменить природу нашей цивилизации. Для того чтобы создавать, необходимо разрушать; и агентом разрушения в обществе является поэт. Я верю, что поэт обязательно является анархистом, и что он должен противостоять всем организованным представлениям о государстве, не только тем, которые мы наследуем из прошлого, но в равной степени тем, которые навязываются людям во имя будущего» (Цит. по: Gibbard 2005, p. 101). С точки зрения Герберта Рида, поэт — это активный действующий агент социальных преобразований, который, разрушая старые поэтические формы, способствует также и разрушению устоявшихся форм социального насилия (Ibid.).

Отчасти это связано с нетематической природой поэтического творчества[66], — с убеждением, что поэзия начинается не с темы, появляющейся на более поздних этапах, а с каких-то частных, иногда случайных, обстоятельств. Нетематический характер поэтических практик подчеркивался, например, Владимиром Маяковским в статье «Как делать стихи?»:

> Я хожу, размахивая руками и мыча еще почти без слов, то укорачивая шаг, чтоб не мешать мычанию, то помычиваю быстрее в такт шагам. Так обстругивается и оформляется ритм — основа всякой поэтической вещи, проходящая через нее гулом. Постепенно из этого гула начинаешь вытискивать отдельные слова. [...] Откуда приходит этот основной гул-ритм — неизвестно. Для меня это всякое повторение во мне звука, шума, покачивания или даже вообще повторение каждого явления, которое я выделяю звуком.[67]

Мысль Маяковского может быть понята в рамках органической концепции искусства, основанной на представлении о том, что целое произведения появляется у художника раньше представления о частях[68]. Но в данном случае нас больше интересуют детали «ритма-гула», из которых не может быть сложен «внутренний образ» будущего текста, как не может он на них и распасться. То есть для нас здесь является существенной широкая антропология обстоятельств производства поэтического текста, нередуцируемых частных подробностей, в контексте которых текст представляется крайне неустойчивой конструкцией, зависящей от поверхностей и пересечения поверхностей («размахивание руками», «мычание», «ускорение шага», «укорачивание шага»), а не от «глубины», сохраняющей в себе воспроизводимое смысловое ядро, как в органической концепции.

Сказанное соотносимо с горизонталистскими принципами анархизма и его фрагментированными практиками сопротивления, погруженными в обстоятельства повседневной жизни. Анархистский протест, так же как и поэтическое высказывание, не начинается со своей собственной тематизации. Первостепенное значение в анархизме имеет не «большая теория» протеста, а низовая протестная инициатива, — частная и

---

66   В частности, Славой Жижек отмечает, что поэзия основана на непрямой адресации, — она всегда посвящена тому, к чему можно обращаться только намеками (Жижек 2017, с. 8).
67   Маяковский (1959, с. 100-101).
68   См. подробнее: Лехциер (2007, с. 212-214). Органическую модель иллюстрирует высказывание Осипа Мандельштама: «Стихотворение живо внутренним образом, тем звучащим слепком формы, который предваряет написанное стихотворение. Ни одного слова еще нет, а стихотворение уже звучит. Это звучит его внутренний образ, это его осязает слух поэта» (Цит. по: Там же, с. 213).

«стихийная» критика⁶⁹ власти и государства. Неслучайно Дэвид Грэбер говорит о необходимости разработки «низкой» теории анархизма в противоположность «высокой»:

> Мы говорим не столько о целостной теории, сколько о мировоззрении или, скорее, даже вере в то, что некоторых типов социальных взаимоотношений можно избежать, и что определенные другие взаимоотношения были бы много лучше. [...] Анархизм куда больше нуждается в том, что можно назвать Низкой Теорией, чем в Высокой Теории. Низкая Теория — это способы решения тех реальных непосредственных проблем, которые возникают при осуществлении преобразовательных проектов.⁷⁰

В тезисе о нетематических основаниях творчества утверждается не отсутствие темы, — последняя как раз почти всегда обнаруживается, — а то, что тема вторична и определяется сложной сетью различных контекстов и взаимодействий, выстраивающихся между авторским замыслом и восприятием читателя, предполагающих неизбежный конфликт[71].

В контексте модели «читатель — автор» тематический и предметный уровни стихотворения в какой-то мере могут быть соотнесены с принципом «все во всем», разработанным древнегреческим философом Анаксагором. Согласно Анаксагору, в любой вещи, кроме качеств или «семян» («гомеомерий»), определяющих ее самотождественность, содержатся также и качества всех других вещей, присутствующих в гораздо меньшем количестве и по этой причине не проявляющих себя чувственно. Подобным же образом художественный текст, кроме явно обозначенных автором смыслов, удерживает в себе условия для любых интерпретаций. П.А. Кропоткин, размышляя о роли литературной критики в становлении и развитии российской политической литературы в условиях цензуры XIX века, почти точно воспроизводит эту мысль, отмечая следующее: «В сущности, хорошее произведение искусства дает материал для обсуждения почти всех взаимных отношений в обществе»[72]. Вдумчивый критик способен открыть в любом хорошем произведении «самые широкие горизонты»; он может

> оценивать как идеалы, так и предрассудки общества, анализировать людские страсти, обсуждать типы, наиболее часто встречающиеся в данный момент, и

---

69 Как отмечает московский анархист Петр Рябов, многие люди являются «стихийными анархистами», иногда «даже не зная об этом (как господин Журден у Мольера говорил прозой, не подозревая об этом)» (Рябов 2011, с. 90).
70 Грэбер (2014, с. 7).
71 Так, например, Морис Бланшо в эссе «Литература и право на смерть» пишет о «смерти» автора в кругу искажающих внутренний образ текста читательских интерпретаций.
72 Кропоткин (1999а, с. 554).

т. д. [...] Автор, если он мыслящий поэт, уже сам — сознательно, а чаще бессознательно — принял в соображение все это. Он вкладывал в свое произведение свой жизненный опыт. Почему же критик не может раскрыть перед читателем все эти мысли, которые должны были мелькать в голове автора, иногда полусознательно, когда он создавал ту или иную сцену или рисовал такой-то уголок человеческой жизни.[73]

Тематический и содержательный уровень произведения ставится здесь в зависимость от читательской активности, которая может сообщить тексту тот или иной характер. Поскольку тема стихотворения обусловлена контекстами чтения и интерпретационными техниками, будет полезно рассмотреть вопрос о том, кого из поэтов анархисты считают близкими себе по духу.

Среди крупных поэтов Серебряного века современные анархисты особенно выделяют Максимилиана Волошина. Например, его стихотворение «Государство» (цикл «Путями Каина») анархист Петр Рябов считает выражением самой сути анархистского мировоззрения: «Никто лучше самих анархистов не выразил анархизм более четко, кратко, ярко и афористично. [...] Мне кажется, одного этого стихотворения достаточно, чтобы стать анархистом»[74]. Стихотворение состоит из нескольких частей, посвященных различным аспектам критики государства: судебной системе, государственному образованию и воспитанию, монополии государства на насилие и производство денег, парламентским выборам и др. В тексте встречается отсылающее к концепции П.-Ж. Прудона прецедентное высказывание «собственность есть кража».

ГОСУДАРСТВО
1.
    Из совокупности
    Избытков, скоростей,
    Машин и жадности
    Возникло государство.
Гражданство было крепостью, мечом,
Законом и согласьем. Государство
    Явилось средоточьем
Кустарного, рассеянного зла:
Огромным бронированным желудком,
В котором люди выполняют роль
Пищеварительных бактерий. Здесь
Всё строится на выгоде и пользе,
На выживаньи приспособленных,
    На силе.
Его мораль — здоровый эгоизм.
Цель бытия — процесс пищеваренья.

---

73 Там же.
74 Рябов (эл. ресурс).

> Мерило же культуры — чистота
> Отхожих мест и емкость испражнений.
>
> [...]
>
> 4.
> Фиск есть грабеж, а собственность есть кража,
>   Затем, что кража есть
>   Единственная форма
>   Законного приобретенья.
>   Государство
>   Имеет монополию
>   На производство
>   Фальшивых денег.
>   Профиль на монете
> И на кредитном знаке герб страны
> Есть то же самое, что оттиск пальцев
> На антропометрическом листке:
> Расписка в преступленьи.
>   Только руки
> Грабителей достаточно глубоки,
> Чтоб удержать награбленное.
>   Воры,
> Бандиты и разбойники — одни
>   Достойны быть
>   Родоначальниками
>   Правящих династий
> И предками владетельных домов.
>
> [...]
>
> 13 апреля 1922
> Феодосия[75]

В 1918–1920 годах власть в Крыму, где жил Волошин, менялась стремительно и несколько раз переходила от красных к белым и обратно. Оказавшись в самом центре жестокого военного противостояния, Волошин не стал занимать ничьей стороны, но это не было уходом от борьбы, попыткой оказаться «над схваткой». По замечанию А.В. Лаврова, «единственной формой общественной деятельности, приемлемой для себя, он считал "борьбу с террором, независимо от его окраски"»[76]. Волошин отрицал насилие, апофеозом которого представлялась ему война, и поэтому он не считал важными различия в политических взглядах воюющих сторон. В письме к Б. Талю от 12 января 1924 года он говорит следующее:

---

75 Волошин (1995, с. 337-339).
76 Лавров (1995, с. 53).

> Я не нейтрален, а гораздо хуже: я рассматриваю буржуазию и пролетариат, белых и красных, как антиномические выявления единой сущности. Гражданскую войну — как дружное сотрудничество в едином деле. Между противниками всегда провожу знак равенства.[77]

Советская власть видела в анархистах враждебную политическую силу, и анархистское движение в России было почти полностью уничтожено большевиками в 20–30-х годах XX века. Появлявшиеся после этого времени анархистские сообщества были немногочисленными и носили нелегальный характер[78]. Анархизм в России начинает стремительно возрождаться в конце 1980-х годов на фоне слабеющего советского государства. Уже к 1991 году в российских городах действовало более сорока анархистских организаций[79]. В это время одним из своих главных противников анархисты считали советскую власть, что определенным образом повлияло на характер функционирования анархистского дискурса[80]. Антисоветская настроенность проявилась, например, в обращении на страницах анархистской периодики к темам и сюжетам, отражающим досоветский и раннесоветский опыт анархистской борьбы (махновское движение, кронштадтское восстание и др.), и даже в кажущемся на первый взгляд банальным использовании букв русского алфавита (i, ъ), исключенных из его состава в советское время[81]. В этом контексте становится востребованным и творчество Максимилиана Волошина, фрагменты стихотворений которого активно публикуются в анархистском самиздате начиная с 90-х годов. Отдельные тексты использовались, например, в агитационных материалах Иркутской организации Конфедерации анархо-синдикалистов[82], стихотворение «Государство» печаталось на страницах таких анархистских изданий, как «Новый свет. Газета анархистов Питера» (ноябрь 1991, № 18), «Наперекор» (зима 2002/2003, № 12) и др.

В октябре 1993 года во время вооруженного противостояния в Москве между сторонниками Б. Ельцина и сторонниками А. Руцкого и Р. Хасбулатова по инициативе анархистов была организована добровольная «Санитарная дружина им. Максимилиана Волошина»[83], которая в момент

---

77 Цит. по: Там же (1995, с. 47-48).
78 Некоторые примеры существовавших в Москве и Ленинграде в 50-х — 70-х гг. подпольных антиправительственных групп, симпатизировавших анархизму, анализирует Илья Будрайтскис в книге «Диссиденты среди диссидентов» (Будрайтскис 2017, с. 39-44, 76-78).
79 Бученков (2011, с. 69).
80 См. подробнее: Мартынов (2018a).
81 Там же.
82 Подробнее см. Леонтьев (2012, с. 130).
83 Эта дружина не имела постоянного состава. В нее входили представители различных политических направлений, в том числе и анархисты.

обострения конфликта 2-4 октября оказывала раненым первую помощь[84]. Подобно Волошину участники дружины заняли нейтральную позицию, — они решили не поддерживать ни одну из сторон и оказывать помощь пострадавшим от насилия людям, не обращая внимания на их политические взгляды.

Анархистские симпатии не ограничиваются только стихами М. Волошина и обращены к самым разным авторам, поднимающим идейно близкие темы. Например, в одном из последних номеров российского анархистского журнала «Автоном»[85] (2017, № 37) на последней странице обложки был напечатан фрагмент поэмы советского диссидента Юрия Галанскова «Человеческий манифест» (1960). Этот текст, учитывая последнюю страницу издания и отсутствие каких-либо к нему предуведомлений и комментариев, фигурирует как подпись или, в свою очередь, тоже как своеобразный анархистский манифест.

> Министрам, вождям и газетам — не верьте!
> Вставайте, лежащие ниц!
> Видите, шарики атомной смерти
> у Мира в могилах глазниц.
> Вставайте!
> Вставайте!
> Вставайте!
> О, алая кровь бунтарства!
> Идите и доломайте
> гнилую тюрьму государства!
> Идите по трупам пугливых
> тащить для голодных людей
> черные бомбы, как сливы,
> на блюдища площадей[86].

Антигосударственническая позиция М. Волошина и бунтарский пафос стихов Ю. Галанскова хорошо объясняют, почему анархисты считают их «своими». Намного труднее объяснить случаи, в которых мотивированность анархистских симпатий по отношению к поэтическим текстам не выражена также отчетливо.

В январе 2020 года в популярном анархистском telegram-канале *Paris Burns*[87], посвященном широкой анархистской повестке, было опубликовано стихотворение Тура Ульвена «Сначала — солнце...», сопровождавшееся восклицанием: «Если ваш анархизм не похож на это, даже не ду-

---

84 См. подробнее: Леонтьев (2015, с. 171-182).
85 Журнал движения «Автономное действие».
86 Галансков (1980, с. 13-14).
87 Описание канала *Paris Burns* состоит из четырех ключевых слов: криптоанархия, децентрализация, неоднородность и постанархизм (Paris Burns эл. ресурс а).

майте меня приглашать (читайте Тура Ульвена, приближайте безчеловекие миры)»[88]. В основе этой фразы лежит, с одной стороны, давно существующий в Интернете *мем* «Если ваша вечеринка не похожа на что-то подобное, даже не думайте меня приглашать», а с другой — высказывание анархистки Эммы Гольдман: «Мне не нужна эта революция, если я не смогу танцевать»[89].

Сначала —
солнце.

Далее —
хаос,

заметка в скобках.

Безчеловекие миры
приближаются,

удаляются[90].

Встречающееся здесь слово «хаос» вызывает только самые общие ассоциации с анархизмом, а сделанный в публикации акцент на словосочетании «безчеловекие миры» отсылает скорее к «тёмной экологии» (Тимоти Мортон) и объектно-ориентированному стилю мышления, стремящимся описывать объекты мира независимо от человеческой оптики. Рассматривать этот текст как политически ангажированный можно только с определённой долей условности. И тем не менее авторы telegram-канала *Paris Burns* видят в этом стихотворении одну из важнейших анархистских ценностей, являющуюся необходимым основанием анархизма, условием его возможности. Как нам представляется, речь в данном случае идёт не о скрытых, заложенных автором стихотворения анархистских темах, которые вдруг кем-то из читателей были расшифрованы, — здесь имеет место свободная тематизация анархизма, то есть свободное вычленение, выдвижение анархистской темы как бы помимо авторской воли.

---

[88] Paris Burns (эл. ресурс b).
[89] Эти широко известные слова являются парафразой реплики Эммы Гольдман из её объёмной автобиографии «Проживая свою жизнь». Во время танцев, реагируя на осуждающее замечание своего знакомого, что анархистке не следует танцевать на публике, она произнесла следующее: «Я не верю, что Дело, наш прекрасный идеал — анархизм, свобода от навязанных устоев и предрассудков — может призывать нас отречься от радостей жизни. Я настаивала: наше Дело не должно требовать, чтобы я стала монашкой, а наше движение не должно превращаться в монастырь. Если Дело такое предусматривает — я не хочу за него бороться» (Гольдман 2015, с. 74).
[90] Ульвен (2010, с. 127).

Примерно через месяц на канале *Paris Burns* было опубликовано еще одно стихотворение — на этот раз Василия Бородина:

о чём там тучи говорят
как бы гигантские быки

— давай ты будешь уважать
мою трагическую жизнь
а я не буду уважать
твою трагическую жизнь

— а вот давай наоборот —
и молния, и кислород

он был О-ДВА
а стал О-ТРИ
он был ЕДВА
а стал СМОТРИ

как бы огнИво ростом в мир
высекло вдаль стеклянный миг

и тут же рушится черно
как бы
вместо стекла —
окно[91]

Освобождение от однозначного анархистского тематизирования с одной стороны, а с другой — возможность произвольного приписывания такой тематизации, расширяют границы анархистской поэзии. Если анархистская поэзия возможна, то она не должна ограничиваться текстами, написанными исключительно идейными анархистами (или разного рода бунтарями), или содержащими в явном виде разработку темы анархии. Сделанный здесь акцент на субъективную оценивающую волю означает, что потенциально любое стихотворение может иметь отношение к анархистской тематике, но добавим к этому, — при условии, что поэзия не начинается с темы и не имеет ничего общего с пропагандой.

Если верно, что в рамках читательского восприятия любому стихотворению потенциально можно приписать анархистское содержание, тогда верно и обратное — никакое стихотворение не может быть анархистским. Последний тезис приобретает смысловой объем также и в контексте методологических установок «Школы языка» ("Language school") — заметного движения в американской поэзии 70-х — 80-х годов прошлого столетия, к которому принадлежали Рон Силлиман, Лин Хеджинян, Баретт Уоттен, Чарльз Бернстин и др. Одним из главных вопросов, который

---

91 Бородин (эл. ресурс).

поднимается в творчестве этих поэтов, является вопрос о том, как избавиться от авторской индивидуальности, что делает их поэтику несовместимой с провозглашаемой анархистами ценностью индивидуальной автономии, проблематика которой была обозначена выше.

> Главный вопрос, который стоял перед авторами языковой школы, — пишет Кирилл Корчагин, — вопрос об авторской индивидуальности и о том, как можно избавиться от нее в по-настоящему тотальном произведении, т. к. индивидуальность лишь замутняет взгляд на мир, мешает увидеть связи вещей друг с другом. За такой поэтической практикой стояла вера в язык, унаследованная от раннего лингвистического структурализма: их вдохновляли анализы Романа Якобсона и Клода Леви-Стросса, мысли Мишеля Фуко о дискурсивных формациях эпох, превосходящих индивидуальное авторство, Ролан Барт и Юлия Кристева. Эти поэты полагали, что система языка сама по себе истинна, что она непосредственно раскрывает скрытые аспекты бытия, в то время как речь всегда отклоняется от истины, находится в плену конкретных человеческих интересов.[92]

Антииндивидуалистическая поэтика языковой школы не отменяет другие способы поэтического мышления и организации поэтического языка. В следующей главе мы проверим гипотезу, согласно которой идея анархии выражает внутреннюю способность поэзии противостоять «власти языка» за счет «организованного насилия» над его формами (Р. Якобсон). Это «насилие» проявляется не только в остраняющей сложности поэтического языка, разрушающей штампы и конвенции, но также и в коммуникативном избытке, который функционирует в горизонте непрагматических ожиданий. Вопрос состоит в том, может ли сама по себе сложность внутренней организации поэтического текста, трансформирующая представления о границах поэтического и условиях их производства, быть опознана как анархическая, как часть анархического дискурса?

---

92 Корчагин (2018a, с. 314).

Глава II. Нелинейные структуры анархистского текста и префигуративная политика. *Риторы и террористы*

Основная задача этой главы состоит в том, чтобы проанализировать условия, при которых реализуется возможность собственной анархистской поэтики. В качестве исходного мы принимаем выдвинутый Сандрой Джеппесен тезис о том, что отдельные параметры анархистского письма определяются особенностями анархистской префигуративной политики (*prefigurative politics*)[93]. Смысл понятия префигуративности в самом общем виде выражается в установке на соответствие между целями и ценностями анархистского сообщества и практиками его построения и функционирования. Это означает, что анархизм не только должен обещать справедливое социальное будущее, — само движение к анархии должно воплощаться в социальных формах, имеющих анархистское устройство. Когда анархизм провозглашает ценность принципов горизонтализма и нелинейности, то это не только способ идеализированного социального проектирования, — это также и описание реальных социальных практик[94]. Их примером могут быть многочисленные коллективные проекты, сообщества по интересам или аффинити-группы[95], основанные на низовой инициативе и самоорганизации и представляющие собой «семена будущего общества "в оболочке старого"»[96].

Префигуративность предполагает особый подход к пониманию этических отношений. Желание лучшего мира не должно откладываться в будущее или переноситься в прошлое. Анархистский идеал характеризуется в этом смысле бытийной целостностью и означает присутствие

---

93 Jeppesen (2011, p. 192).
94 Подробнее о понятии «префигуративная политика» см. Gordon (2017).
95 О понятии «аффинити-группа» (от англ. *affinity* — сходство, близость) см. CrimethInc. (2010, с. 51-53). Специфика аффинити-групп хорошо просматривается в рамках концепции «временных автономных зон» Хаким-Бея. «Теория временных автономных зон (ВАЗ) занимается, по возможности, не утопиями, но явлениями возникающими или уже существующими. По всему миру люди покидают Сеть Отчуждения или "исчезают" себя из нее, пытаясь разными способами восстановить человеческие контакты. Интересный пример этого — на уровне "городского фольклора" — повсеместное распространение групп и конференций "по интересам". Недавно мне попались на глаза фэнзины двух таких групп — "Crown Jewels of High Wire" (посвященный коллекционированию стеклянных изоляторов для ЛЭП) и журнал об изучении реторт и перегонных кубов (под названием "Тыквы")» (Хаким-Бей 2002, с. 64).
96 "The seeds of a future society «within the shell of the old»" (Gordon 2008, p. 38).

нравственных начал в настоящем. Смысл этой целостности хорошо раскрывает, на наш взгляд, в «Лекциях по античной философии» М.К. Мамардашвили. Комментируя монистические представления элеатов о бытии, он приводит древнегреческую максиму о том, «что вчерашняя добродетель не имеет значения, на ней нельзя укладываться спать, как на чем-то достигнутом»[97]. Это означает, что нравственные ценности могут иметь актуальный смысл только «здесь и сейчас». Подобным же образом требует осуществления анархии и принцип префигуративности — без каких-либо отлагательств. «Нельзя освободить человека, — пишет Петр Рябов, — через порабощение и диктатуру, нельзя прийти к ликвидации государства через его усиление»[98].

В соответствии с принципом префигуративности устройство анархистского текста также должно быть согласовано с декларируемыми в нем анархистскими идеалами. Анархистские тексты должны отличаться от текстов власти, — от многочисленных бюрократических документов, участвующих в воспроизводстве государственного порядка. Как утверждалось, например, в листовке «К трудящимся Петербурга», выпущенной группой анархистов в мае 1920 года, «власть потопила живое творчество в море бумаг, опутав ими всех и все»[99].

С нашей точки зрения, среди принципов анархистского мировоззрения, участвующих в организации повествовательных анархистских техник, одним из важнейших является принцип нелинейности. В самом общем виде *нелинейность* в анархизме теоретически выражается, в одних случаях, в неоднозначном представлении об анархическом идеале[100], в других — в разработке альтернативных форм морали и способов организации общественной жизни, что сближает анархизм с антропологией[101].

Анархистская *нелинейность* проявляет себя в критике принципа рационального государственного управления. Это прослеживается, например, в анархистских текстах Казимира Малевича, напечатанных в московской газете «Анархия»:

> Тело государства без руля быть не может, обязателен руль, да такой, чтобы никто, кроме рулевого, держаться за него не мог. [...] И мне кажется, что кто бы ни плавал, кто бы ни держался за руль государства, никогда не выплывет из Ладожского океана к простору. [...] Цель наша была в том, чтобы распылить государство искусств и утвердить творчество. Никаких рулей и рулевых.[102]

---

97   Мамардашвили (2009, с. 40).
98   Рябов (2020, с. 13).
99   Группа анархистов (1999, с. 378).
100 См. подробнее в главе I.
101 Об использовании этнографической методологии в анархистских исследованиях и об общих чертах антропологии и анархизма см. Грэбер (2014).
102 Малевич (1995).

Образ «нелинейности» в этом фрагменте так или иначе согласуется с представлениями о свободе и творчестве, в то время как *властный принцип*, стремящийся подчинить любые праздные обстоятельства собственной программе достижения абсолютного могущества, нуждается в *прямых линиях*, упрощающих реальность и, соответственно, делающих задачу по управлению миром более легкой. Семантическая близость прямого пути и власти хорошо заметна в подписи к известному советскому плакату с изображением Ленина — «Верной дорогой идете, товарищи!». Эти слова являются, предположительно, парафразой фрагмента выступления Ленина на IX Всероссийском съезде Советов 23 декабря 1921 года: «А дорога наша — верная, ибо это — дорога, к которой рано или поздно неминуемо придут и остальные страны. По этой верной дороге мы начали идти»[103]. Важно, что в этом высказывании задается рамка не просто для правильного направления движения, но для единственно правильного. Ленинская формула «верной дороги» проявляет себя, в частности, в отрицательном отношении большевиков к шатаниям, к различного рода уклонам и уклонистам. Согласно А.М. Селищеву, «уклоны» и «шатания», в политических текстах советской эпохи, имеют, как правило, отрицательное значение[104].

Унифицирующая функция прямой линии, связывающая ее с образом государства, ярко выражена в романе Евгения Замятина «Мы»:

> Да: проинтегрировать грандиозное вселенское уравнение. Да: разогнуть дикую кривую, выпрямить ее по касательной — асимптоте — по прямой. Потому что линия Единого Государства — это прямая. Великая, божественная, точная, мудрая прямая — мудрейшая из линий.[105]

В контексте этих примеров и объяснений немного странно выглядит связанный с префигуративностью[106] и получивший в анархизме широкое распространение концепт «прямого действия». Он означает не опосредованное никакими внешними политическими силами (партиями или политическими авторитетами) отстаивание людьми собственных интересов. Для «прямого действия» значение имеют прежде всего частные инициативы, не обусловленные никакими государственными или партийными предписаниями сверху. Как говорил Виктор Гриффюэль, активный участник французского революционного синдикализма,

> прямое действие означает действие самих рабочих, то есть действие, непосредственно осуществляемое самими заинтересованными людьми. Сам тру-

---

103 Ленин (1970, с. 312).
104 Селищев (2003, с. 137).
105 Замятин (2003, с. 212).
106 Gordon (2008, p. 35).

дящийся прилагает усилия; он лично воздействует на силы, которые господствуют над ним, чтобы добиться от них требуемых выгод. С помощью прямого действия трудящийся сам создает свою борьбу; именно он ведет ее, полный решимости не передоверять свое освобождение никому иному.[107]

«Прямое действие» следует рассматривать именно в этом ключе: как способ кратчайшей и непосредственной самоорганизации, без посредничества институций государства[108].

Парадоксальность «прямого действия» возникает из-за того, что утверждаемый им смысл коммуникации «без посредников» контаминирует с присутствующей также в «прямизне» семантикой упрощения, не имеющей в данном отношении обоснованного анархистского смысла. «Прямое действие» на деле никогда не бывает простым или прямолинейным, поскольку предполагает контекст ближайших межличностных связей и вернакулярных траекторий общения, лишенных, как правило, коммуникативной однозначности, являющейся, в свою очередь, скорее признаком властного функционирования[109].

В устройстве анархистских текстов нелинейный способ мышления проявляется различным образом. Например, Казимир Малевич в своих текстах широко использует различные приемы синтаксических нарушений (анаколуф и др.), которые, согласно объяснениям Игоря Смирнова, являются результатом теоретической установки на беззаконие, выражающей «анархическую неструктурированность ("калейдоскопичность") бытия»[110].

Иными словами, здесь мы обнаруживаем определенное понимание того, каким должен быть язык анархии, то есть язык, соответствующий принципам анархического мировоззрения, стремящийся к разрушению языковых последовательностей, оспаривающий своей нелинейностью иерархическую упорядоченность мира. Это понимание созвучно тому, что позже о языке анархии скажет Х. Бинек: «Язык анархии — это действовать, действовать произвольно, вопреки логике, разрушать синтаксис»[111].

---

107 Цит. по: Дамье (2010, с. 30).
108 Следует подчеркнуть, что внеинституциональная самоорганизация, как правило, на практике оказывается несовместимой с интересами государственной власти. Например, З. Васильева описывает, как менялось отношение советской власти к понятию «самодеятельность», — в процессе укрепления советской государственности положительные значения (революционный активизм, личный почин и творчество) постепенно уступили место отрицательным (самовольные действия и дилетантизм) (Васильева 2014).
109 См. ниже в этой главе цитату из работы Дэвида Грэбера о сложности живого общения и стремлении власти его упростить, подчинив предсказуемым коммуникативным схемам.
110 Смирнов (2012, с. 25).
111 Цит. по: Генри (1981, с. 52).

Анархистская нелинейность проявляется на уровне композиционной поэтики анархистского текста. По замечанию Ю.С. Степанова,

> стиль не обязан быть красивым, привлекательным и даже опрятным. Стиль является как бы эманацией предмета говорения, приобретает общие с ним черты. Прежде всего, от стиля обсуждения хаоса не следует требовать четкого («дискретного») разделения на четко сформулированные утверждения, абзацы.[112]

С точки зрения композиционного устройства, многие известные анархистские тексты создавались не с позиций большого теоретического целого, не как фундаментальные обобщения, а с позиций фрагмента, живого практического отклика на актуальную повестку дня. Например, такой известный текст П.А. Кропоткина, как «Речи Бунтовщика» (1885), представляет собой собрание его статей, написанных для французских газет «Бунтовщик» (*Le Révolté*) и «Бунт» (*La Révolte*). Другой его центральный текст — «Хлеб и воля» (оригинальное название: *La Conquête du pain* — «Завоевание хлеба», 1892), также был основан на статьях, опубликованных ранее в этих изданиях.

Установку на фрагментарность подчеркивает название книги американского анархиста Бенджамина Такера — «Вместо книги: Написано человеком, слишком занятым, чтобы писать книгу. Фрагментарное изложение философского анархизма» ("Instead of a Book, by a Man to Busy to Write One. A Fragmentary Exposition of Philosophical Anarchism", 1893)[113]. В предисловии Такер пишет:

> Книга, собственно говоря, есть прежде всего нечто единое и симметричное, проникнутое порядком и законченное; это литературное издание, каждая часть которого подчинена целому и создана для него. Предлагаемый том не удовлетворил бы этим требованиям; это не здание, а нагромождение мыслей, более или менее связанный агрегат, каждая часть которого создавалась почти без всякого отношения к другой. Хотя и это не совсем верно; иначе была бы немыслима и малейшая связность.[114]

К отказу от чтения по порядку, то есть по прямой, призывает в предисловии к книге «Революция повседневной жизни» Рауль Ванейгем. Он считает, что «наилучший порядок для книги — это отсутствие всякого порядка, так, чтобы читатель мог обнаружить порядок собственный»[115].

Согласно Сандре Джеппесен, одной из особенностей современной анархистской литературы является установка на коллективное письмо,

---

112 Степанов (2004, с. 30).
113 В основу этого издания были положены статьи, написанные для журнала *Liberty*.
114 Тэкер (1908, с. 1).
115 Ванейгем (2005, с. 5).

— часто анонимное, бросающее вызов концепции автора-одиночки. Популярность коллективного творчества в анархизме связана с принципом *Do It Yourself* («Сделай сам», сокращенно DIY), подчеркивающим ценность горизонтальных низовых практик, возникающих и существующих параллельно официальным структурам государства. Множественный анонимный автор оспаривает исключительность линейного повествования, позволяя звучать множеству различных голосов, соседствовать различным нарративным траекториям и стилям[116].

Вопрос о том, насколько усложняющая нелинейность должна быть решающей в анархистской организации языка, нашел отражение в полемике между Кристианом Уильямсом и анархистской группой *CrimethInc*. В статье «Анархизм и английский язык» Уильямс обращает внимание на то, что современные анархистские тексты утратили ясность, в них часто используются сленг, окказиональные слова, которые затрудняют коммуникацию и в конечном счете препятствуют распространению анархистских идей[117]. Стремление говорить на языке «своих» содержит опасность герметизации сообщества, превращения его в разновидность элитаристского союза. Эта мысль об «исключающем» сообществе не находит поддержки в классическом анархизме, в котором, напротив, действует положение о неисключающем принципе «взаимной помощи». Как отмечает П.А. Кропоткин, анархистское общество «никого не исключает из своей среды»[118].

По мнению Уильямса, анархистские тексты должны быть написаны простым для понимания языком. Образцовыми для него являются тексты Кропоткина, который критиковал элитаристскую концепцию интеллектуального творчества и стремился к широкой доступности своих произведений для самой разной аудитории:

> Тон нашего журнала (*Le Révolté* — М.М.), — пишет Кропоткин, — был умеренный, но сущность его была революционная, и я по мере сил старался излагать в нем самые сложные экономические и исторические вопросы понятным для развитых рабочих языком. [...] При этом я писал по возможности без мудреных слов, чтобы приучить самых скромных рабочих к собственному суждению о том, куда и как идет общество, и дать им возможность самим поправить писателя, если тот будет делать неверные заключения.[119]

Или в другом тексте Кропоткин поднимает вопрос о том, как должен писать истинный художник:

---

116 Jeppesen (2011, p. 193).
117 Williams (2013).
118 Кропоткин (1999b, с. 212).
119 Кропоткин (1988, с. 405, 406-407).

Я также должен уметь (кроме создания «глубоко философских произведений» и «высочайшей поэзии природы» — *М.М.*), если только я истинный художник, творить так, чтобы все меня поняли: создавать такие произведения, которые будут понятны и доставят наслаждение всякому, включая беднейшего рудокопа или крестьянина.[120]

По отношению к поэтическому языку требование простоты и ясности может быть сопоставлено с аргументами «певца порядка» Гэбриела Сайма из романа Гилберта К. Честертона «Человек, который был Четвергом». Сайм доказывал называвшему себя поэтом-анархистом Люциану Грегори тезис о том, что ясность и порядок менее вероятны, чем хаос. Порядок в речи — это то, к чему необходимо постоянно прикладывать усилия.

> Необычно и ценно попасть в цель; промах — нелеп и скучен. Когда человек, приручив стрелу, поражает далекую птицу, мы видим в этом величие. Почему же не увидеть его, когда, приручив поезд, он попадает на дальнюю станцию? Хаос уныл, ибо в хаосе можно попасть и на Бейкер-стрит, и в Багдад. Но человек — волшебник, и волшебство его в том, что он скажет «Виктория» и приедет туда. [...] Всякий раз, когда поезд приходит к станции, я чувствую, что он прорвал засаду, победил в битве с хаосом. [...] Какая поэзия в мятеже? Тогда и морская болезнь поэтична. Тошнота — тот же мятеж. Конечно, в крайности может стошнить, можно и взбунтоваться. Но, черт меня подери, при чем тут поэзия?[121]

На эссе Кристиана Уильямса откликнулась анархическая анонимная организация *CrimethInc.*, высказывающая противоположную мысль: точное употребление слов не является обязательным условием истины. Язык участвует в идеологическом означивании мира, поэтому ясность, которая возникает при грамотном использовании языковых конструкций, не является нейтральной. Как раз наоборот, в упрощающей схематизации, в прозрачности и самоочевидности «общих мест» власть может скрывать

---

120   Кропоткин (1999а, с. 569).
121   Честертон (1990, с. 152).

свое реальное присутствие[122]. *CrimethInc.* настаивает на общей дестабилизации языка, нарушении ясности его границ — без этого невозможен протест против существующего порядка вещей[123].

> If we stay within the bounds of language that is widely used in this society, we will only be able to reproduce consensus reality, not challenge it. How could we possibly challenge gender normativity in the same terms that maintain it? We have to invent new words, styles, and discourses that enable us to say new things.[124]
>
> Если мы останемся в рамках языка, широко используемого в этом обществе, то сможем только воспроизводить реальность консенсуса, а не бросать ему вызов. Как мы можем оспаривать гендерную нормативность в тех же терминах, которые ее поддерживают? Мы должны изобретать новые слова, стили и дискурсы, которые позволяют нам говорить новые вещи.

CrimethInc. замечает, что для того чтобы остранить язык, сделать его «незнакомым», нужна скорее поэзия, чем проза — «пламенная» поэзия Перси Шелли предпочтительнее ясной прозы Уильяма Годвина[125]. Статья завершается характерным призывом к «варварскому» письму: "*Barbarians to the barbarricades!* WRITE BARBAROUSLY!"[126]

---

[122] Как замечает Ролан Барт, «в языке, благодаря самой его структуре, заложено фатальное отношение отчуждения. Говорить или тем более рассуждать вовсе не значит вступать в коммуникативный акт (как нередко приходится слышать); это значит подчинять себе слушающего: весь язык целиком есть общеобязательная форма принуждения. [...] Как только язык переходит в акт говорения (пусть даже этот акт свершается в сокровеннейших глубинах субъекта), он немедленно оказывается на службе у власти. В нем с неотвратимостью возникают два полюса: полюс авторитарного утверждения и полюс стадной тяги к повторению» (Барт 1989, с. 549).

[123] Этот тезис *CrimethInc.* соотносится с существующими в анархизме представлениями о том, что одним из важнейших условий социальных преобразований является преобразование языка. Например, еще в начале 20-х годов XX века в пананархизме разрабатывался проект свободного от власти универсального языка будущего (АО), — его структура должна была создавать такие коммуникативные условия, при которых было бы невозможно социальное подавление и принуждение. См. подробнее: Мартынов (2016b, с. 136-139).

[124] CrimethInc. (2013).

[125] Эта *пламенность* означает, в частности, реализующуюся в поэтическом дискурсе идею дестабилизации смысловой определенности: «Несмотря на то что поэзия существует в письменной форме, ее синтаксис противопоставлен другим формам письменной речи — например, деловой или канцелярской речи, где фраза построена так, чтобы читаться однозначно, не допускать различных толкований и указывать на то, что есть причина, а что — следствие. Поэзия избегает такой однозначности» (Азарова / Корчагин / Кузьмин / Плунгян 2016, с. 549). О смысловой неопределенности в современном поэтическом дискурсе см. Евграшкина (2019).

[126] CrimethInc. (2013).

В самом общем виде призыв *CrimethInc.* выражает несогласие с аппроксимирующей логикой власти, стремящейся действовать в мире, составленном из простых конструкций и элементов. Упрощающей установке анархисты противопоставляют нередуцируемую сложность. Здесь уместно вспомнить рассуждение Дэвида Грэбера о том, что любое упрощение реальных социальных связей так или иначе предполагает насилие и оборачивается насилием:

> Большинство человеческих отношений, особенно длительных, например, между старыми друзьями или закадычными врагами, чрезвычайно сложны, бесконечно наполнены опытом и смыслом. Они требуют непрерывной и часто искусной интерпретации; все вовлеченные в коммуникацию должны прилагать постоянные усилия, чтобы представить себе точку зрения другого человека. Угроза физической расправой позволяет всего этого избежать. Это создает намного более схематичные отношения, например: «Переступишь через эту линию — получишь пулю в лоб, а нет — так мне реально наплевать на то, кто ты и чего ты хочешь».[127]

Тенденция к упрощению наблюдается в пропаганде, которая, чтобы быть эффективной, обращается к самым традиционным, схематичным и упрощенным формам дискурса[128]. Это имеет смысл, когда речь идет о распространении политических взглядов, и понятно в связи с этим желание Кропоткина в приведенной выше цитате использовать знакомый для «развитых рабочих» язык. Но если, например, плакатные лозунги, листовки, газетные публикации и т. п. легко справляются с пропагандистскими задачами, то в поэтической форме агитационные намерения реализуются далеко не всегда успешно. Это связано с тем, что простота в поэзии — обманчива, она только кажется таковой, а в действительности проявляет себя как момент наивысшей сложности, как *неслыханная простота*[129].

К решению пропагандистских задач часто обращается любительская поэзия[130], которая, как правило, не ставит вопрос об условиях возможности собственного языка, а только использует готовые ритмические

---

[127] Грэбер (2014, с. 132).
[128] См. подробнее: Gurianova (2012, p. 9), Călinescu (1987, p. 112).
[129] Стихотворная строка Бориса Пастернака из цикла «Волны». О сложности «неслыханной простоты» см., например, главу «Простота» в книге Б.М. Гаспарова «Борис Пастернак. По ту сторону поэтики» (Гаспаров 2013).
[130] Любительские стихи анархистов посвящены, например, ключевым фигурам и событиям анархистского сопротивления (Милова 1991a, с. 17, 26), репрессиям (Милова 1991a, с. 25, 32; Платоненко 2020), анархистской символике, возрождению анархизма, вере в победу анархии, критике власти и государства (Воробьевский 2009, с. 12; Джа 2012, с. 23; Милова 1991b; Милова 1991c), поиску причин тяжелого социального и экономического положения рабочих (Платоненко 2007, с. 12; Платоненко 2008, с. 12) и другим темам. Нередкими являются случаи использования

формы — как будто это естественные качества поэзии самой по себе. Широкие пропагандистские намерения в таких стихах как бы отодвигают в сторону историю развития поэтического языка[131], но поскольку окончательно вынести ее за скобки все-таки нельзя, громко звучащие лозунги обнаруживают на казалось бы чистой своей поверхности следы предшествующего поэтического опыта, что иногда приводит к парадоксальным смещениям пропагандистских установок. Рассмотрим в качестве примера стихотворение анархистки Марины Миловой «Черная звезда».

Черная Звезда

Ночная бездна звезд полна
Зеленых, синих белых,
Но точно знаю, есть одна
Звезда для самых смелых.

Ее не разглядят во мгле
Седые астрономы,
Ведь лишь немногим на земле
Лучи ее знакомы.

Сквозь государственную муть
Сияньем ярким, чистым
Она указывает путь
К свободе анархистам.

А черный свет дало земле
Идеи нашей знамя,
Чтоб в час решительный нигде
Ее не гасло знамя.

Я верю, что наступит час,
Когда придет свобода,
И черная звезда на нас
Посмотрит с небосвода[132].

в анархистских поэтических текстах приема абсурда. Например, см. Марков (1994, с. 33).

131 В этом состоит одно из главных отличий профессиональной поэзии от любительской. «Профессиональное стихотворение возникает на фоне всей существующей поэзии и, в идеале, вносит вклад в развитие литературы и языка. Оно так или иначе соотносится со множеством других стихов: с наиболее значительными поэтическими текстами прошлого, которым в том или ином отношении оно наследует, с сочинениями авторов-современников, с которыми поэт в каком-либо аспекте взаимодействует» (Азарова / Корчагин / Кузьмин / Плунгян 2016, с. 55).

132 Милова (1994, с. 3).

Уже первая строка «Ночная бездна звезд полна» перекликается со стихотворением М.В. Ломоносова «Вечернее размышление о Божием величестве при случае великого северного сияния», в котором есть строки: *Открылась бездна, звезд полна; // Звездам числа нет, бездне дна*[133]. В этом тексте Ломоносов в поэтической форме высказывает научную гипотезу о происхождении северного сияния, и можно было бы предположить, что обращение к «бездне, полной звезд» в тексте Миловой означает, как минимум, тематизацию ценностей освобождающего от «призраков разума» научного мировоззрения. Но в следующей строфе утверждается совсем другое — там говорится о том, что социальную свободу не способны разглядеть во мгле *седые астрономы*, то есть науке недоступно это знание.

В последней строфе: *Я верю, что наступит час, // Когда придет свобода, // И черная звезда на нас // Посмотрит с небосвода*[134] неожиданно появляется немотивированная анаграмма: *небосвода* [слышится] как *несвобода*, что противоречит общему пафосу стихотворения. «Небосвод» появляется и в других текстах М. Миловой, например, в стихотворении «Знамена»: *Чтоб обрести желанную свободу // И победить кроваво-красный мрак, // Взлетать почаще должен к небосводу // Отчаянья и гнева черный флаг*[135].

Кроме этого само слово *небо* содержит «встроенное отрицание», которое, согласно Наталии Азаровой, относится к «устойчивым кодированным отрицаниям в русском языке», это «регулярная культурологическая анаграмма», то есть она является характерной для русских поэтических текстов XX–XXI веков[136]. Черная звезда на небе в стихотворении Миловой, так же как и черный флаг, призывает к анархистскому сообществу, является способом интерпелляции[137] анархистской идентичности, но встроенное отрицание в слове *небо* независимо от воли автора предполагает скорее семантику неучастия в нем. Модель подобного неучастия в сообществе прослеживается, например, в цикле Анны Альчук «не БУ» (2005). Комментируя его, Наталия Азарова замечает, что «декларация от первого лица: *не бу* — то есть *не буду*» прочитывается одновременно и как «нет будущего (*сте пень ненужности // сту пень к... не БУ*)», и как *не*

---

133 Ломоносов (1986, с. 205).
134 Милова (1994, с. 3).
135 Милова (1991d, с. 3).
136 Азарова (2010, с. 49).
137 Понятие «интерпелляция» используется здесь в рамках разработанной Луи Альтюссером концепции идеологического производства субъективности в процедурах «окликивания». Хрестоматийным примером является оклик полицейским прохожего — «Эй ты!», — в ответ на который кто-то из прохожих оборачивается, тем самым признавая, что призыв обращен к нему.

буду «в плане участия в общем настоящем (так, в стихотворении "Какбынибыло": *в стаю // я не встаю*)»[138]. Таким образом, если мы предполагаем в поэзии сложность и читаем стихи с учетом различных возможных контекстов, инструменталистское использование поэтического текста для декларирования анархистских идеалов наталкивается на ряд препятствий.

Кроме восприятия анархистской любительской поэзии в пропагандистском ключе она может иметь и другие режимы чтения. Ценность анархистских стихов может быть связана с личной эмоциональной вовлеченностью поэта в события анархистского сопротивления. Это уровень экзистенциальной целостности, не нуждающийся в аналитике. Например, российский анархист Игорь Подшивалов следующим образом характеризует стихотворение Марины Миловой «Баррикада № 6», посвященное августовским событиям 1991 года в Москве:

> Стихи, написанные год назад молодой анархисткой из Шуи Мариной Миловой, конечно, далеки от совершенства, но они в точности передают то настроение, которое овладело нами, бойцами Первого сводного анархистского отряда, после провала коммунистического путча. Мы были уверены — пришел конец эпохе несправедливости и насилия, настала новая жизнь. И хотя уже тогда мы объявили себя оппозицией новому правительству (любому правительству нужна оппозиция, и анархисты всегда добросовестно выполняли эту роль), но все равно верили, что жить будет лучше.[139]

В этом контексте остается еще ответить на вопрос о преимуществах стратегии к усложнению поэтической формы. Обязательно ли радикальность высказывания должна предполагать слом конвенциональных ожиданий? Насколько последовательно может быть реализована связь между сложностью письма и анархистскими ценностями?

Примером сбивчивого, неровного стиля могут служить фонетические стихи Хуго Балля, в которых спонтанно выстроенная продолжительность звука и сбивчивый синтаксис бросают вызов «официальным языкам общения, пропитанным капиталистической идеологией» ("the official languages of communication, which had become saturated with capitalist ideology"[140]). Образцовым Балль считал «пульсирующий стиль» Прудона:

> Прудон, отец анархизма, кажется, был первым, кто осознал его [анархизма] стилистические следствия. Как только стало ясно, что слово было первым правительством, тотчас возник своеобразный пульсирующий стиль (fluktuirender Stil), который избегает имен существительных и вообще уходит от уплотняющей концентрации. Отдельные части предложения, вплоть до отдельных букв и звуков, снова становятся независимыми.[141]

---

138 Там же, с. 50.
139 Подшивалов (1992, с. 4).
140 Farr (2010, p. 19).
141 Цит. по: Ерохин (2014, с. 368).

Эта независимость отдельных слов и букв в буквальном смысле воплощается в методе «нарезок» (англ. *cut-up*), изобретенном французским поэтом Тристаном Тцарой в 20-х годах XX века[142]. Тцара разрезал собственный текст на фрагменты, компоновал их и получал совершенно новое произведение. Этот метод в дальнейшем был развит в творчестве Брайона Гайсина и Уильяма Берроуза, которые разрезали на части самые разные тексты, — и свои и чужие (например, газетные статьи), и соединяли их в случайном порядке[143]. В этот ряд также можно поставить и создаваемые из текста и изображения коллажи Павла Улитина — так называемые «уклейки», в целом напоминающие практики Гайсина и Берроуза[144].

Cut-up можно рассматривать в качестве одного из аналогов анархистского лозунга «разрушение есть созидание», являющегося сокращенным вариантом высказывания М.А. Бакунина: «Страсть к разрушению есть вместе с тем и творческая страсть!»[145], которым он завершил свою статью «Реакция в Германии» (1842). Например, в одном из интервью Дэвид Боуи сравнивал метод «нарезок» Берроуза с творческим хаосом. Он писал, что Берроуз сначала «нарезает» мир на фрагменты, а затем заново собирает их, создавая новую версию реальности[146].

Стремление к новизне является характерной особенностью искусства модернизма. Наиболее отчетливо это проявляется в идее обнуления предшествующего художественного опыта, что отражается, например, в понятии «нуль форм» Казимира Малевича, которое он использовал по отношению к «Черному квадрату». Обращение к нулевой точке художественного опыта встречается также в дадаистской оптике, — согласно Рихарду Хюльзенбеку, «дада» представляет собой «первый звук, издаваемый ребенком, он выражает примитивность, нулевое начало, новое в нашем искусстве»[147]. Нина Гурьянова также замечает, что одна из особенностей раннего русского авангарда выражается «в попытке создать новую самоидентификацию и увидеть мир заново, как бы впервые, как "другой"» ("an attempt to create a new selfidentity, and to see the world anew, as if for the first time, as «other»"[148]).

---

142 Современные исследователи рассматривают *cut-up* в качестве одной из возможных анархистских литературных техник. См. Gifford (2019, p. 574).
143 Burroughs (2003).
144 Об особенностях поэтики Павла Улитина см. Кукулин (2015).
145 Бакунин (1935, с. 148).
146 См. Kansa (2010, p. 22).
147 Цит. по: Фаликов (2017, с. 104). Примерно в этих же терминах определяет модернистское искусство Юрген Хабермас, когда говорит о связи модернизма с «модой, с новизной, с оптикой бездельника, гения, равно как и ребенка» (Хабермас 2003, с. 15).
148 Gurianova (2012, p. 17).

Несмотря на то что непрерывное новаторство производит ощущение свободы, парадоксальным образом это имеет отношение и к производству власти. Непрекращающееся экспериментирование, в результате которого обнуляется старый опыт и возникают новые миры, или новые версии реальности, сопряжено с «демиургической» семантикой.

> Желание неологии, — пишет Наталия Азарова, — желание власти (поэт выступает как демиург, и в этом смысле Хлебников[149], председатель мира, — типичный демиург). Желание власти отделяет от мира.[150]

В ряде недавних публикаций Наталия Азарова разрабатывает понятие «неявная новизна», которое она отличает от «креативности». «Неявная новизна» существует без предъявления себя в качестве таковой, в то время как креативность всегда предъявлена в той или иной форме.

> Мы понимаем эту языковую новизну, — уточняет свою мысль Азарова, — расширительно, не ограничивая ее только новыми словами и сдвигами в грамматике. Неявная неология предстает в виде идиоматической (неразложимой, неаналитической) новизны, которая избегает собственной демонстрации, основанной на брендировании приемов. Неявная неология сегодня отражает те ростки противостояния, которые не укладываются в определенные модели и, не подчиняясь определенным алгоритмам, не отвечают задачам проективности.[151]

Понятая таким образом «неявная новизна» отличается от «креативности» также и по модели буржуазный / антибуржуазный:

> Современный капитализм можно определить как власть нового и как безраздельное господство креативного. *Неявная неология* связана с протестом против требования креативности как основного буржуазного мандата нашего времени.[152]

Непрекращающееся воспроизводство «нелинейности» в языке, проявляющееся, в частности, в призыве *CrimethInc.* к *barbarricades*, к «варварскому письму», соответствует стратегиям креативности, и в этом отношении *barbarricades* нельзя рассматривать в качестве универсального способа противостояния власти. «Сложность», о которой писал Дэвид Грэбер, не обязательно раскрывается как «новизна». Вообще, как мы отметили в первой главе, анархизм нельзя назвать в полном смысле «проектом» — анархисты не позиционируют себя как изобретателей чего-то особенно нового. Анархизм скорее представляет собой нравственную

---

149 Это, впрочем, не мешает анархистам воспринимать идею Хлебникова по-своему, — в ключе экзистенциальной ответственности человека за существующий социальный и экологический порядок в мире. См. Брик (1998, с. 6).
150 Азарова (2019a, с. 15).
151 Азарова (2019b, с. 309).
152 Азарова (2019a, с. 12).

веру в возможность отказа от всех форм господства, и в этом качестве он существовал «всегда». Любопытна в этом плане ретроспективность многих анархистов, — например, М.А. Бакунина, П.А. Кропоткина, Г. Ландауэра, находящих свой идеал в «народной правде», в подавляемых государством естественных формах совместной жизни[153].

Различие между установками, с одной стороны, на использование только конвенциональных средств языковой коммуникации, а с другой, — на новаторство и языковую креативность, напоминает предложенное Жаном Поланом противопоставление «риторов» и «террористов». «Риторы» точно знают, какие именно средства необходимо использовать, чтобы приблизиться к поэзии, из «каких звуков и каких слов, каких ухищрений и каких цветов» слагается поэтическое[154]. «Террористы», напротив, говорят о том, чем поэзия не должна быть. Они открыто декларируют свою неприязнь к «общим местам», к формам, в которых поэтическое делается узнаваемым. Таким образом, «террористы», ориентированные на постоянную поэтическую и языковую новизну, вынуждены вести борьбу с властью языка, с ригидностью и предсказуемостью его коммуникативных форм. «"Террористы", — как комментирует С.Л. Фокин, — все свои силы бросают на ниспровержение "власти языка", ищут новых возможностей выражения ценимой ими индивидуальности»[155].

В российском поэтическом контексте точка зрения «террористов», как ее определяет Полан, отчетливо выражена, например, в манифесте «Группы поэтического сопротивления», опубликованном в литературно-критическом альманахе «Транслит» (2010, № 8):

> Язык повышенного сопротивления, или неподатливый язык, отличается от языка с низким сопротивлением, или податливого языка, прежде всего тем, что отбрасывает формальные признаки стиха.[156]

В тексте не уточняется, что следует понимать под формальными признаками стиха, но для нас здесь важна стоящая за их отбрасыванием установка на новаторство, которая осмысляется в качестве способа поэтического сопротивления[157]. Утверждения, подобные этому, как раз и становятся объектом критики Полана, для которого любая борьба с властью

---

153 Подробнее см.: Мартынов (2014, с. 16), Ерохин (2014, с. 357-358).
154 Полан (2000, с. 43).
155 Фокин (2000, с. 16).
156 Манифест (2010, с. 41).
157 Связь понятий «сопротивление» и «поэзия» имеет двойственную трактовку, актуализированную, например, в поэтическо-дискуссионной серии мероприятий журнала «Транслит» под общим названием «Сопротивление поэзии». С одной стороны, поэзия сама выступает объектом сопротивления в платоновском смысле. С другой стороны, как отмечается в редакторской аннотации, «согласно автономистской, или самовитой, версии "сопротивления", в самой отдельности

языка отмечена внутренней парадоксальностью. «Простейший опыт учит нас: там, где есть власть, слова остаются незамеченными, а там, где дают о себе знать слова, уже нет власти»[158]. Поскольку борьба со словами ведется при помощи слов, то есть с помощью того же средства, что подлежит отрицанию или критическому разбору, власть в этой борьбе никогда не покидает языковое пространство. Жан Полан: «Вы бежите от языка, он нагоняет вас. Вы нагоняете язык, он бежит от вас»[159]. Этот аргумент Жана Полана почти точно воспроизводит Александр Житенев в одном из своих критических замечаний по поводу современной социальной поэзии, — в частности поэзии Павла Арсеньева:

> «Субъект, — пишет Павел Арсеньев, — смотрит со стороны на свою речь, подвергает ее непрерывному сомнению и всегда стремится избавиться от ее власти». Но, простите, «власть» — это единица языка описания, в самой речи никакой «власти» нет. «Избавиться» от нее значит всего лишь сказать «избавился».[160]

В контексте аргументов Полана вопрос о том, каким образом поэтический текст можно использовать для выражения анархистского протеста, не может быть решен на основании выбора между обозначенными стратегиями организации поэтического языка: стремлением к ясности и «общим местам» или, наоборот, к «террористической» сложности. По всей видимости, необходим еще какой-то компонент, связанный с экстралингвистическими факторами, — с телом, пространством, голосом, обстоятельствами письма и др. В следующей главе мы рассмотрим прагматические основания поэзии и выясним, каким образом поэтическое действие может быть связано с протестной политической активностью.

поэзии заключен немалый потенциал политической фронды, а также условие возможности критики языка (власти). Будь то центробежное или сопротивление самой поэзии изнутри, подобное определение в любом случае активизирует поэтологическое воображение. Осуществляйся оно во имя настоящего искусства или во имя будущего, сопротивление продолжает оставаться наиболее продуктивной модальностью творческого жеста» (Сопротивление поэзии эл. ресурс).

158 Полан (2000, с. 106). Согласно объяснениям С.Л. Фокина, «"Террор", борясь с властью языка, остается во власти иллюзии. Вопреки своим помыслам освободиться от господства языка, "террористы", направляя непомерные усилия на борьбу со всякого рода общими местами, признают тем самым это господство, более того, укрепляют власть языка над мышлением. Растрачивая свою силу на борьбу с устоявшимися выражениями, "Террор", хочет он того или нет, ослабляет возможности оригинального самовыражения, которых он, казалось, только и добивался» (Фокин 2000, с. 17).

159 Полан (2000, с. 152).
160 Житенев (2013).

Глава III. Прагматика протестной поэзии

3.1. Поэзия как *преступление*, или К вопросу о безотлагательности поэтического действия

В современном политическом дискурсе поэзия нередко представляется через образы созерцательной бездеятельности. Так, например, во время президентских выборов в США в 2008 году на одном из митингов в поддержку Хиллари Клинтон ее сторонник глава профсоюза машинистов Том Буффенбаргер дал Бараку Обаме следующую оценку: "He's a poet, not a fighter!"[161] «Он поэт, а не борец». Скорее всего, Буффенбаргер не ставил перед собой цель задеть кроме Обамы еще и поэтов и просто использовал существующий в культуре образ мечтательного стихотворца[162], но проговариваемый им таким образом тезис о несовместимости поэзии и политической борьбы вступает в противоречие с также находящими свое место в культуре активистскими взглядами на природу поэтического творчества, отражающимися, в частности, в ориентированной на действие формуле «слово — оружие». В связи с идеями анархизма она появляется уже в XIX веке в поэме Перси Биши Шелли «Маскарад анархии» (*The Masque of Anarchy*, 1819): *Как заостренные мечи, // Слова пусть будут горячи // И полны смелой широты, // Как в бой подъятые щиты...*[163] — и сохраняет значимый протестный потенциал в современной политически ориентированной поэзии. Например, российский поэт Павел Арсеньев в одной из своих лекций дает ряд советов о том, «как превратить инструмент письма в колюще-режущее оружие»[164].

Поэтическая борьба при помощи слов не сводится только к условному метафизическому противостоянию[165] и часто подразумевает реаль-

---

161 См. об этом примере: Orr (2008, p. 409).
162 Ср. также с примером использования образа «мечтательного стихотворца» по отношению к Дональду Трампу. В 2017 году Роб Сирс опубликовал книгу с характерным названием — «Прекрасная поэзия Дональда Трампа». Издание было составлено из высказываний политика в Твиттере, которые Сирс разрезал на части, а затем компоновал таким образом, чтобы новое «поэтическое» целое производило комический эффект (Sears 2017).
163 Шелли (1907, с. 14).
164 Арсеньев (эл. ресурс а).
165 Дэвид Орр в статье «Политика и поэзия», критически оценивая реплику Буффенбаргера, развивает мысль об изначальной деятельной природе поэтических практик: «...as a maker of poems, a poet is always engaged in battle, though the opponents may be unclear, the stakes unknowable, and the victories and defeats felt far

ные практики сопротивления. В российской протестной культуре последних двух десятилетий наблюдается активное обращение к возможностям поэтического языка. На это указывают примеры так называемого «поэтического акционизма» и поэзии «прямого действия»: «Лаборатория поэтического акционизма»[166], кооператив «Техно-поэзия»[167], кооператив художников-партизан «ередовое удожество»[168], музыкально-поэтическая группировка «Дрэли куда попало»[169], «Маяковские чтения»[170] и др. В этом контексте представляется важным остановиться подробнее на вопросе о прагматических основаниях поэзии и их роли в структуре политического протеста.

Использование стихотворной формы для выражения и пропаганды политических взглядов в русской культуре имеет давнюю традицию и отчасти связано с существовавшим обыкновением выносить обсуждение важнейших политических вопросов на страницы художественной литературы. П.А. Кропоткин в предисловии к работе «Идеалы и действительность в русской литературе» отмечает, что в России до середины XIX века почти не было политической жизни, и

> лучшие умы страны прибегали к поэме, повести, сатире или литературной критике как к средствам для выражения своих воззрений на национальную жизнь, своих нужд и своих идеалов. А потому всякому, желающему ознакомиться с политическими, экономическими и социальными идеалами России, с надеждами той части русского общества, которая созидает историю, — приходится обращаться не к официальным изданиям и не к передовым статьям газет, а к произведениям русского искусства.[171]

---

away, in different domains, by people other than himself" (Orr 2008, p. 418). «В качестве сочинителя стихов поэт всегда участвует в битве, хотя его противники могут быть плохо различимыми, ставки неизвестными, а победы и поражения могут происходить в других местах и ощущаться другими людьми».

166 Примеры акций прямого действия «Лаборатории поэтического акционизма» см. на официальном сайте сообщества: Лаборатория (эл. ресурс).
167 Техно-поэзия (эл. ресурс).
168 «ередовое удожество» (эл. ресурс).
169 Дрэли куда попало (эл. ресурс).
170 Маяковские чтения (эл. ресурс).
171 Кропоткин (1999а, с. 254). Литературное творчество не было при этом областью гарантированной свободы слова. В XIX веке художественные произведения, появлявшиеся в российской печати, подвергались жесткой цензуре: «стихи уродовались без всякого внимания к версификации, и в повести цензор нередко вставлял даже сцены собственного сочинения» (Там же, с. 530). В этих условиях для обсуждения политических вопросов в журналах был выработан «эзоповский» язык, опирающийся на целую систему намеков, понятных «опытному» читателю (Там же).

В XIX столетии поэзия могла оказывать значительное влияние на умонастроение образованной публики, формировать ее особое отношение к тем или иным событиям общественной жизни. Например, стихотворение М.Ю. Лермонтова «Смерть поэта» («На смерть Пушкина», 1837), полное обличающего власть гнева, быстро разошлось в рукописных копиях и было хорошо знакомо. За это стихотворение Лермонтов был сослан на Кавказ. В литературе того времени любая критика государственных институтов могла обернуться политическими преследованиями. Участь Лермонтова разделили многие поэты эпохи царствования Николая I. Например, за поэму «Сашка» Александр Полежаев был разжалован в солдаты, а Тарас Шевченко за поэму «Сон», сатирически изображающую императора, был определен на военную службу со строгим запретом сочинять стихи и рисовать.

Владислав Ходасевич пишет, что в России процесс «изничтожения» поэтов всегда был масштабнее, чем в других странах. Он объясняет это пророческим характером русской литературы: «Изничтожение поэтов, по сокровенной природе своей, таинственно, ритуально [...]. В страдании пророков народ мистически изживает собственное свое страдание»[172]. Страдания поэта прекратятся, когда в литературе иссякнет «родник пророчества», и Ходасевич выражает надежду, что этого никогда не случится.

Поэт черпает силу своего профетического дара из тех же структур священного порядка, которые обеспечивают онтологическую полноту и легитимность царской власти. Поэт, таким образом, оказывается конкурентом царя в вопросах посредничества между небом и землей, обеспечивающего порядок в мире, и это неизбежно становится причиной конфликтных отношений. Конфликт царя и поэта, — объясняет Михаил Мейлах, —

> это конфликт между двумя формами власти, которые со временем кристаллизуются — первая, в формах земного могущества, другая — в форме настораживающей способности поэта не только быть внушаемым свыше, но и воплощать эти внушения в небезопасных словесных формах, которые могут непосредственно, в обход царя, воздействовать на мир, — не говоря уже о законной функции пророка — наставлять и, если надобно, обличать царя. [...] Поэт опасен царю именно вмешательством в мировой порядок, гарантом которого тот является.[173]

Сила поэтического слова хорошо видна на примере «дела четырнадцати», которое расследовала полиция во Франции во время правления Людовика XV. В работе «Поэзия и полиция» Роберт Дарнтон подробно рассматривает случай распространения в обществе несколько оскорбля-

---

172 Ходасевич (1996, с. 269).
173 Мейлах (2004, с. 724).

ющих власть стихотворений. Исследователь обращается к архивам полиции XVII века и реконструирует ее попытки обнаружить сочинителя сатиры на короля и его фаворитку мадам Помпадур. Полиция взяла под стражу четырнадцать распространителей поэзии, но никто из них так и не был опознан в качестве автора. Следы сатиры терялись в сложно устроенной сети устной коммуникации, одновременно отсылая и к придворным интригам, и к народной поэзии. Поэтическая сатира проявляла себя как индикатор общественного мнения[174], представляющего собой способ проявления точки зрения Бога, то есть «другого типа власти: неопределенной, но несомненной силы, известной как "глас народа"»[175].

Этот пример важен для нас, чтобы показать способ участия поэзии в воспроизводстве политической жизни. Власть XVIII и XIX веков испытывает неподдельный страх перед направленными против нее стихотворениями и пытается сделать все возможное, чтобы прекратить преступное сочинительство. В современной политической жизни подобная ситуация кажется трудно представимой. Правящие круги сегодня в меньшей степени заботит мнение поэта, поэтическая сатира не производит былого эффекта, и никто не преследует ее авторов за критику власти.

Даже такой популярный проект как «Гражданин Поэт»[176], появившийся на волне гражданской активности в начале 2010-х годов и отличающийся резкой по содержанию политической сатирой, — «безжалостно жесткой и точной», как ее характеризует А.В. Юдин[177], — не был воспринят властью в качестве серьезной угрозы[178]. Не считая отдельных попыток цензурирования, в целом проект успешно функционировал на протяжении 2011 и 2012 годов и смог заработать несколько миллионов долларов[179], что, правда, стало полной неожиданностью для авторов, так как изначально он не создавался как коммерческий.

---

174 В «полуграмотном обществе песни до определенной степени заменяли газеты. Они давали актуальные комментарии к последним событиям» (Дарнтон 2016, с. 76).

175 Там же, с. 46.

176 Основные участники: Андрей Васильев, Дмитрий Быков и Михаил Ефремов.

177 Юдин (2017, с. 345).

178 Отсутствие «реакции» со стороны власти отчасти объясняется низким уровнем российской политической культуры. Еще в 1996 году Дмитрий Кузьмин отмечал, что «практически все действующие российские политики (не говоря уже о персонажах недавнего прошлого российской политической сцены) выглядят сами по себе как дурная пародия на политиков, как готовые пригровские персонажи, поэтому дальнейшие манипуляции с этими конкретными образами или абстрагированными их характерными чертами оказываются эстетически малоэффективными» (Кузьмин 1996, с. 14).

179 См. Жохова (2012).

Проект «Гражданин Поэт» попадает под предложенное Дмитрием Голынко-Вольфсоном понятие «прикладная социальная поэзия», предполагающее отказ поэта от «эстетической автономии», а также от предшествующей профетической медиумичности. Социальный поэт отражает не сакральную сферу, а классовые интересы, голоса «бесправных и угнетенных».

> Прикладная социальная поэзия возникает в тот момент, когда поэт делегирует свой уникальный авторский голос той массе бесправных и угнетенных, которая лишена возможности высказаться в поле современной культурной индустрии. При этом поэт не только говорит от лица неимущих и отверженных, но и позволяет их сегрегированным и часто неуклюжим, неприятным на слух голосам звучать и передаваться через его строки, через саму политизированную форму его протестного высказывания.[180]

Поэт является здесь агентом эмансипации, но поскольку эмансипация предполагает «политический имманентизм», означающий отказ от структур священного и перенос оснований социальной власти внутрь общества, в горизонтальную плоскость секулярного[181], то голос поэта теряет универсальную силу и оценивается в категориях позитивного, а не естественного права.

Секуляризация поэзии, обесценивание магических оснований лирического дискурса[182], обусловлены многими причинами, и к важнейшим относится включение поэзии в контекст различных потоков информации. С одной стороны, поэзия конкурирует с этими потоками, а с другой — дополняется ими, особенно если стихи публикуются в интернете[183]. Как замечает Виталий Лехциер,

> поэту-медиуму, поэту-транслятору, конечно, сложней всего, потому что не он, а медиа теперь транслирует чужие голоса, причем перманентно и неизбывно. Поэтому, чувствуя острую конкуренцию, он должен как-то устроиться в новых медиа, приручить их, заставить работать на себя, заставить служить своей медиумичности.[184]

Здесь уместно вспомнить мысль Вальтера Беньямина о том, что техническая репродуцируемость произведения искусства, ставшая возможной благодаря изобретению соответствующих технических средств (типографский станок, фотоаппарат, кинокамера), приводит к утрате «ауры» произведения, то есть его уникального присутствия «здесь и сейчас», и

---

180 Голынко-Вольфсон (2012, с. 180).
181 См. подробнее: Ямпольский (2004, с. 549-550).
182 О магических основаниях «лирического дискурса» см., например, подробнее: Тюпа (2014).
183 См. подробнее: Азарова / Корчагин / Кузьмин / Плунгян (2016, с. 110).
184 Лехциер (2012, с. 113).

тем самым освобождает от обязательной связи с религиозным ритуалом, заменяя его политическим действием.

> В тот момент, когда мерило подлинности перестает работать в процессе создания произведений искусства, преображается вся социальная функция искусства. Место ритуального основания занимает другая практическая деятельность: политическая.[185]

По мнению Павла Арсеньева, в начале XX века, после изобретения фонографа и кинескопа, «литература *теряет монополию* на передачу информации — как когда-то живопись потеряла свою монополию на создание визуальных образов с изобретением Дагера»[186]. Согласно исследователю, это обернулось для поэзии некоторым приобретением, — она смогла «*найти себя*», распознать свой медиум в инструментальных основаниях творчества, в материальности языкового знака и различных процедурах высказывания.

> Модернистская литература вслед за искусством обнаруживает материальность означающего, слово-как-таковое или свою специфичность (литературность) не как препятствие для коммуникации, но как первичную операциональную реальность, с которой она (только) и имеет дело.[187]

В инструменталистском повороте поэтического самосознания открываются дополнительные возможности творчества. Арсеньев подчеркивает, что вдохновение автора часто бывает связано с определенной медиатехникой, то есть с инструментами письма. Например, нехватка бумаги может приводить к «чрезвычайно плотному письму, к письму поверх уже написанного» и формировать «темный», фрагментарный стиль (Жерар де Нерваль)[188].

Инструментальные метафоры становятся также и способом для выхода поэзии за собственные языковые границы, и в этом выходе так или иначе возникает связь с областью политического. По замечанию Наталии Азаровой,

> разговор о прагматике поэзии в пределе всегда ставит вопрос о политической поэзии. [...] Любой выход за дискурсивные границы склонен восприниматься как выход политический или по крайней мере имеющий какое-то отношение к политике.[189]

Категория границы вообще является одной из важнейших для определения политического дискурса. Власть связана с практиками разделения, и,

---

185 Беньямин (1996, с. 28).
186 Арсеньев (2018, с. 80).
187 Там же, с. 81.
188 Арсеньев (2017a, с. 29).
189 Азарова (2014, с. 65).

например, с точки зрения Карла Шмитта, пространство политического размечается благодаря фундаментальной оппозиции «друг — враг»[190]. В противоположность этому в анархизме высоко ценится не-исключающий принцип дружбы и сотрудничества[191], который формирует модель общества с постоянно смещающимися нестабильными границами между индивидами. Можно было бы предположить, что основанная на опыте трансгрессии инструменталистская разработка поэтического слова способна функционировать и в качестве инструмента анархистской критики власти. В действительности же модель нарушения границ слишком формальна, а любой формализм позволяет избегать ответственности, без которой невозможна структура активного протестующего субъекта.

Сказанное можно проиллюстрировать примером инсталляции Павла Арсеньева «*Если стихотворение бросить в окно...*», в которой автор попытался «материализовать» предложенную Даниилом Хармсом инструментальную метафору бросаемого в окно стихотворения[192]. В работе Арсеньева метафора Хармса приобретает черты реальной инсценировки: осколки разбитого стекла, огороженное специальной лентой пространство, указывающее на место совершенного преступления, и др. По замыслу художника эта конструкция должна была выражать формулу «поэтической герильи в городской среде»[193], но, на наш взгляд, в действительности здесь обнаруживается всего лишь декларация сообщаемых этим объектом преступных намерений, — не само преступление, а только его имитацию. На это указывает экспозиционная воспроизводимость всей конструкции, — инсталляция принимала участие в различных выставочных и акционистских проектах (Manifesta10/Петербург, 2014; Matadero/Мадрид, 2016[194]). Поскольку любое преступление предполагает событийность, неотменяемое сцепление с обстоятельствами здесь и сейчас, то заявленная Арсеньевым «материализация метафоры» совершаемого стихотворением преступления сама становится «метафорой».

В этом контексте уместно вспомнить мысль анархиста Хаким-Бея о том, что современной поэзии недостает «риска и эроса». В западном мире

---

190 Шмитт (1992).
191 См. подробнее: Мартынов (2017a).
192 Арсеньев вспоминает утверждение Даниила Хармса: «Стихотворение надо писать так, что если бросить стихотворение в окно, то стекло разобьется» (Арсеньев 2017a, с. 35).
193 Арсеньев (эл. ресурс b).
194 Арсеньев (2017b, с. 75).

стихи больше не запрещены цензурой (разрешенные стихи[195]), они не являются «преступлением». Скорее наоборот, — добавим мы к этому, — само преступление поэтизируется, используется в качестве материала для стиха. Одной из иллюстраций является история создания стихотворения Павла Арсеньева «День России», написанное в отделении милиции, куда поэт был доставлен за чтение стихов на митинге в защиту узников «Болотного дела» 12 июня 2013 года. Стихотворение начинается с эпиграфа, представляющего собой выдержку из материалов задержания:

> «на территории марсового поля в присутствии граждан
> читал стихотворение с грубыми несдержанными выражениями,
> чем выразил явное неуважение к обществу
> и общественной морали, нарушил общественный порядок.
> на замечания сотрудника полиции не реагировал»
>
> *(из протокола об административном правонарушении № 016170 от 12.06.13)*[196]

На митинге Павел Арсеньев продекламировал стихотворение Эдуарда Лукоянова «Если я чего-то не забуду, то я точно не забуду...»[197]. Главным источником протестности для Арсеньева является само прочитанное стихотворение, и реакция власти обусловлена, как он иронично заметил, ее «чутким поэтическим слухом»[198]. На наш взгляд, все-таки трудно себе представить, чтобы страж порядка слушал и распознавал в поэтических образах знаки протеста. Длящаяся поэтическая сложность вряд ли как-то вообще может быть дисциплинарно считана и учтена. Власть реагирует только на то, что можно прямо квалифицировать с точки зрения закона и что в дальнейшем можно инкриминировать, а это, например, любая обсценная лексика, экстремистские лозунги и т. д. Употребленное в последней строке стихотворения Лукоянова обсценное слово «поебени» — *вечная слава любой поебени!* — сработало для представителей правопорядка как триггер[199].

---

195 Здесь напрашивается параллель с известной формулой литературы Осипа Мандельштама, в которой творчество также понимается через «метафору преступления»: «Все произведения мировой литературы я делю на разрешенные и написанные без разрешения. Первые — это мразь, вторые — ворованный воздух» (Мандельштам 1994, с. 171). См. об этом подробнее: Дутли (1993, с. 83), Сурат (2016).
196 Арсеньев (эл. ресурс с).
197 Лукоянов (эл. ресурс).
198 Серебряная (2013).
199 Необходимо, однако, заметить, что радикальный статус обсценной лексики вызывает сегодня ряд вопросов. Славой Жижек обратил внимание на то, что в ситуации «взрыва публичной непристойности» последних лет обсценная лексика уже не является жестом протеста, а, напротив, представляет собой новое явление фигуры Господина (Zizek 2019).

Подобная логика власти воспроизводится и в других случаях. Например, опубликованный в анархистском журнале «Автоном» (2017, № 37) фрагмент поэмы советского диссидента Юрия Галанскова «Человеческий манифест» (1960) стал основанием для включения номера в список экстремистских изданий Беларуси[200]. Поскольку текст Галанскова известен уже более полувека и был раньше опубликован в других изданиях[201], то решение властей нельзя объяснить одним только фактом его существования. Главная причина, на наш взгляд, состоит в выходе поэмы в публичное пространство и восприятии ее отдельных строк в качестве прямого анархистского призыва к действию. Строки *О, алая кровь бунтарства! // Идите и доломайте // гнилую тюрьму государства!*[202] — являются для власти не частью поэмы, а элементом агитационного материала. Парадоксальным образом власть оказывается в *метаостраняющей* позиции[203], как будто бы не понимая, что в действительности «бунтарство» не имеет цвета, и «гнилая тюрьма государства» существует только в поэтическом воображении.

Хаким-Бей пишет, что «на Востоке поэтов бросают в тюрьму — это разновидность комплимента, так как предполагает, что автор совершил нечто такое же реальное, как кража, изнасилование или революция. У нас поэтам разрешают публиковать все что угодно — а это, собственно, род наказания, тюрьма без стен, без эха, без осязаемого существования: призрачный мир типографской краски или абстрактной мысли — мир без риска и эроса»[204].

Хаким-Бей вводит термин «поэтический терроризм» (*poetic terrorism*), который он понимает очень широко — как способ изменения жизни отдельного человека через ситуацию эстетического шока. В поэтическом терроризме существенным является момент творческого хаоса,

---

200 Решение суда Барановичского района и г. Барановичи от 12 октября 2017 года, вступившее в законную силу 30 ноября 2017 года (Республиканский список эл. ресурс).

201 См., например: Галансков (1980).

202 Там же, с. 14.

203 Метаостраняющая позиция власти в данном случае предполагает остранение самого принципа остранения.

204 Хаким-Бей (2002, с. 56, 57). Среди современных поэтов, которые вписываются в эту предложенную Хаким-Беем трактовку радикальности поэтического слова, следует назвать палестинского поэта Ашрафа Файяда. В 2015 году судом Саудовской Аравии, в том числе за книгу стихов, он был приговорен к смертной казни. В дальнейшем смертный приговор был заменен восьмилетним тюремным заключением и 800 ударами плетью (Фанайлова 2016). Стихотворения Ашрафа Файяда из книги «Инструкции прилагаются» в переводе с арабского Анастасии Шипулиной и Станислава Львовского см. Файяд (эл. ресурс).

который воплощается в различных сопротивляющихся рынку и политике формах. Это, например, могут быть стихи в полицейских сортирах, «ксерокопии картин, заткнутые за дворники припаркованных автомобилей», «дикие пляски в коридорах круглосуточных компьютерных банков», анонимные письма без адреса и др.[205] Силу поэтического высказывания Хаким-Бей, таким образом, сводит к перформативности, — поэзия, связанная с риском, эросом и преступлением, это не событие иерофании, а действие в прямом смысле слова.

Специфика поэтического терроризма хорошо раскрывается на примере коллектива *Unbearables*, устраивавшего каждый сентябрь с 1994 по 2000 год поэтические чтения на Бруклинском мосту. В час пик поэты выстраивались на пути от Манхэттена до Бруклина и читали стихотворения короткими циклами, что позволяло прохожим слышать отдельные части каждого произведения и собирать их в конце пути в уникальное — свое собственное — поэтическое целое[206]. Сборка происходила на границе внешнего и внутреннего, и это не позволяло ни одной из сторон взять ее под контроль, — поэты не контролировали темп ходьбы пешеходов, от которого зависел состав поэтических фрагментов, а пешеходы не контролировали свое соучастие, свою включенность в событие в качестве слушателей. Здесь поэтическое выводится за собственные конвенциональные рамки и функционирует как элемент в сборке социального. Взаимодействие социального и поэтического в данном случае напоминает ассамбляжную структуру[207], то есть структуру, в которой части не исчерпываются и не конституируются целым и функционируют с ним на равных.

Чтения на Бруклинском мосту представляли собой одну из стратегий создания Временных Автономных Зон (*Temporary Autonomous Zone*, далее — TAZ), которые, по замыслу Хаким-Бея, были ориентированы на временный захват территории и предполагали создание альтернативного, не-наблюдаемого государственными институциями стиля жизни. При этом TAZ не мыслилась в качестве формы открытого политического противостояния, — это, скорее, тактика ускользания, чем открытой борьбы. В этом отношении Хаким-Бей больше «заинтересован в разрушительном моменте освобождения как таковом, чем в его социальных последствиях» ("Bey is more interested in the disruptive moment of liberation as such than in its social consequences"[208]).

Свое желание влиять на мир при помощи слова, «глаголом жечь сердца людей», поэту предлагается реализовывать как бы напрямую, без посредничества священного или поэтической традиции. Поэт должен не

---

205 Хаким-Бей (2002, с. 40-41).
206 Подробнее об акции см.: Bollen (2012, p. 162).
207 Деланда (2018).
208 Bollen (2012, p. 158).

ожидать действия от своих слов, а уже действовать при их помощи. Иными словами, ценность поэтического слова в поэтическом акционизме измеряется его способностью воздействовать на мир безотлагательно.

Существует и другая модель поэтического действия, в которой телесные и пространственные аспекты отличаются от активистской безотлагательности. Особенности этой модели раскрываются на примере поэзии Осипа Мандельштама, который в процессе создания стихотворений почти всегда испытывал потребность в движении. По свидетельству Надежды Мандельштам,

> стихи и движение, стихи и ходьба для О.М. взаимосвязаны. В «Разговоре о Данте» он спрашивает, сколько подошв износил Алигьери, когда писал свою «Комедию». Представление о поэзии-ходьбе повторилось в стихах о Тифлисе, который запомнил «стертое величье» подметок пришлого поэта. Это не только тема нищеты — подметки, конечно, всегда были стертые, — но и поэзии. Только дважды в жизни я видела, как О.М. сочиняет стихи, не двигаясь.[209]

В случае Мандельштама действие поэта не является действием победителя или интервенцией. Это скорее вопрошающее действие, представляющее собой способ структурирования обстоятельств непонимания устройства мира.

В свою очередь, поэзия, о которой говорит Хаким-Бей, является захватнической. Она ориентирована на территории, геометрию, конфигурацию объектов и т. д., и нуждается, прежде всего, в пространственном измерении. Такая поэзия легко картографируется и даже требует этого, — как в проекте «Карта поэтических действий», организованном «Лабораторией поэтического акционизма»[210]. Для нее важны не метафизические смыслы, а энергия момента, сосредоточенная в теле и голосе поэта. Само тело поэта становится инструментом письма, как, например, в чтениях *Unbearables* на Бруклинском мосту.

Сокращение дистанции между поэтическим текстом и телесностью наблюдается в выходе произведения в пространство голосового экспериментирования. Согласно поэту Роману Сергеевичу Осминкину, организатору основанного на принципах «прямого действия» кооператива

---

209 Мандельштам (2014, с. 264). См. также: Сарнов (2011, с. 306). Мысль о необходимости движения для организации ритма стихотворения встречается также в статье Владимира Маяковского «Как делать стихи?» (Маяковский 1959, с. 100-101).
210 «Карта поэтических действий» (эл. ресурс).

«Техно-поэзия» (совместно с Антоном Командировым и Мариной Шамовой)[211], исполнение текста является важной формой сближения поэтического и политического[212]. В этом смысле коллектив актуализирует проблематику «голоса» в политике[213], а также вопросы использования звука/шума как способа противостояния власти[214]. Здесь нам бы хотелось обратить внимание на прагматические аспекты «звучарных» (С. Бирюков) практик.

> Современный поэтический текст, — пишет Осминкин в синопсисе к одной из своих лекций, — все более осмысляется как пространственный, материальный феномен, фрагментарный, порвавший с линейностью, повествовательным нарративом, монологизмом и устойчивой формой. Оставляя на городском теле следы своей речи/письма, уличные художники и поэты переприсваивают обезличенный язык институтов власти, но также они делают видимым, материально ощутимым свое присутствие, свой голос.[215]

---

211 Подробнее о коллективе см. Осминкин (эл. ресурс a).
212 Лекторий альманаха [Транслит] (2013).
213 Теоретические аспекты этой проблематики рассматриваются, например, в книге Младена Долара «Голос и ничего больше». Исследователь говорит о том, что «устный принцип, использование "живого голоса" и принцип публичного характера судебных процедур стали двумя главными доктринами, которые отстаивало Просвещение в качестве оружия против различных форм коррупции в юридической практике "старого режима". [...] Живой голос был инструментом, благодаря которому юридическая система могла быть изъята из рук специалистов, их непонятного жаргона и уймы анахронических правовых актов. Голос был орудием демократизации правосудия [...]; идеальная демократия предположительно должна быть той, в которой все могли бы услышать голос всех остальных» (Долар 2018, с. 241-242). Обратим внимание и на замечание Ван Дейка о том, что устные формы культуры имеют более высокий потенциал противостояния власти по сравнению с письменным дискурсом: «В большинстве случаев письменный дискурс эксплицитно программируется или планируется, а значит, лучше контролируется [...] Невозможно представить себе занятия в школах или университетах без учебников и массы других письменных материалов или письменных заданий. Иными словами, наиболее формальное дело, даже если оно выполняется устно, требует письменных текстов в качестве его основы или его следствия. Таким образом, тексты буквально консолидируют коммуникативную власть в большинстве институциональных контекстов» (Ван Дейк 2013, с. 76).
Существует и другая сторона вопроса и, по замечанию Младена Долара, полный отрыв голоса от текста является также и условием воспроизводства власти: «Все явления тоталитаризма тяготеют к зависимости от голоса, который, услуга за услугу, склоняется к замещению авторитета буквы или ставит под вопрос ее действенность» (Долар 2018, с. 252).
214 Исследованию проблематики звука/шума как радикальной практики сопротивления посвящены, например, работы: Mattin / Iles (2009), LaBelle (2018).
215 Осминкин (эл. ресурс b).

Если в протянувшейся от Демосфена декламационной традиции имело место стремление подчинить телесность тексту, создать для него ясную интонационную форму[216], то в практиках современных поэтов — в том числе в работах кооператива «Техно-поэзия», тело примешивается к голосу в партикулярном и сингулярном качестве. Вертикальная декламационная структура, основанная на нахождении универсальной гармонии между звучанием и смыслом, уступает место горизонтальной, ориентированной на шум и вибрации самой жизни.

Разрушение вертикальной модели прослеживается уже в леттристских опытах Исидора Изу. В его фильме «Трактат о слюне и вечности» (*Traité de bave et d'éternité*, 1951) показано, как к голосу поэта примешивается его слюна, одновременно и нарушающая декламационную ясность и обнаруживающая живое тело поэта, его физическое присутствие. В фильме прозвучало стихотворение Франсуа Дюфрена, которое анализирует американская исследовательница Кейра Кабаньяс:

> Во время энергичной декламации Дюфрена: «Пейпле, пекпе, пекпе, пекпе» и «Глеч! Гламве! Пакре! Пакре!» мы слышим, как у него во рту скапливается слюна, и как слоги резко прорываются сквозь зубы, изменяя звукообразование.[217]

Поэзия здесь производит чистую трату, — соединяясь в процессе чтения с телом, она расходует его как бесполезную, производящую слюну машину. Но именно это в данном случае и важно, — существенность разлада, нередуцируемое к поэтической образности присутствие жизни.

В сближении поэтического с широко понимаемым акционизмом к стихотворному тексту присоединяются ситуативные эффекты — социальные и антропологические, неизбежный трансгрессирующий пафос которых в конечном счете приводит к вопросу о том, как не писать больше стихи, а только действовать. Как сказано в предуведомлении к лекции-перформансу поэта Павла Арсеньева «Как научиться не писать стихи» (галерея «Виктория», Самара, 14 сентября 2019),

> «научиться не писать» = отказаться от скриптуральной мифологии и компилировать тексты с помощью других моторных процедур (вычеркивать, вырезать из газет, слушать радио, мять бумагу, гнуть проволоку, etc).[218]

Здесь важно остановиться и обратить внимание не на способы поэтического действия, а на предъявляемое акционистской поэзией действие как таковое и его безотлагательность. На наш взгляд, именно в этой точке

---

216 По легенде, знаменитый древнегреческий оратор Демосфен для развития артикуляции набирал небольшие камни в рот и произносил длинные тексты.
217 Цит. по: Изу (2015, с. 189).
218 Арсеньев (эл. ресурс а).

раскрывается пространство для критики прагматических оснований протестной поэзии.

Согласно Славою Жижеку, чувство безотлагательности является ложным, оно пронизывает «леволиберальный гуманитарный дискурс о насилии», в котором

> абстракция и наглядная (псевдо)конкретность сосуществуют в описании сцены насилия — против женщин, чернокожих, бездомных, геев... «В нашей стране каждые шесть секунд насилуют женщину»; «пока вы читаете этот абзац, десять детей умрут от голода» — вот лишь два примера. В основе всего этого лежит лицемерное чувство морального возмущения. Такого рода псевдобезотлагательность эксплуатировалась компанией *Starbucks* несколько лет тому назад, когда на входе в кофейни посетителей приветствовали плакаты, сообщавшие, что почти половина прибыли сети шла на лечение детей из Гватемалы, источника их кофе, из чего следовало, что каждая выпитая вами чашка спасала жизнь ребенка. Во всех этих призывах к безотлагательному действию сквозит глубоко антитеоретический посыл. Нет времени думать, мы должны *действовать прямо сейчас*. Благодаря этому ложному чувству неотложной необходимости постиндустриальные богачи, живущие в своем уединенном виртуальном мире, не только не отрицают внешней реальности и не отмахиваются от нее, но и активно постоянно на нее ссылаются. [...] В некоторых ситуациях единственная по-настоящему «практическая» вещь состоит в том, чтобы бороться с соблазном незамедлительных действий и «сидеть и ждать», занимаясь терпеливым критическим анализом.[219]

В этой перспективе по отношению к акционистской поэзии, требующей от поэта совершения действий при помощи слов или без их помощи, должен быть сформулирован вопрос о том, что сегодня в ситуации универсализации и рутинизации активистских ценностей заставляет поэта действовать, осознает ли он свою акционистскую увлеченность, понимает ли, что в императивах акционизма может скрываться логика «псевдобезотлагательности», определяемая властью?

---

219 Жижек (2017, с. 9-10). Теоретическая установка Жижека прослеживается в анархистских текстах: «Мыслить как анархисты сегодня не менее важно, чем действовать, причем действия — это не только активизм, пропаганда и борьба, но и весь образ жизни, отношения с людьми и природной средой. Я даже думаю, что мышление — потребность куда более острая и настоятельная, особенно если вспомнить накопившийся за последние полвека его дефицит. [...] Мы должны мыслить как анархисты; быть открытыми, без догматизма, но критически, навстречу всем проявлениям современной культуры, которые, может быть, движутся в либертарном направлении; противостоять всем аспектам реальности, вооружившись нашим критерием интерпретации: радикальной критикой власти» (Бертоло 2018, с. 216).

3.2. «Тихий пикет»[220]

Поэтический акционизм, с одной стороны, обращен к широко распространившимся к концу XX века практикам арт-активизма, использующим акционистское искусство для выражения политического протеста[221], а с другой, опирается на поэтические традиции, в которых объявлена необходимость какого-либо внешнего по отношению к тексту действия. Особенно значимой для становления поэтически ориентированного активистского самосознания в современной России является поэзия Владимира Маяковского, формула которого «Я хочу, чтоб к штыку приравняли перо» («Домой!», 1925) репрезентирует саму возможность осуществления революционного действия при помощи поэтического слова. Ярким примером является акция арт-группы «23:59» «Гномы» (2012, город Елец), в которой активисты своими телами выложили на снегу слово HATE[222]. С одной стороны, оно соотносилось с названием стихотворения Владимира Маяковского «НАТЕ!», а с другой — являлось омографом английского слова HATE, означающего «ненависть»[223].

Другим показательным примером является традиция поэтических чтений у памятника Владимиру Маяковскому в Москве, возникших еще в конце 50-х годов XX века и объединивших вокруг себя оппозиционно настроенных поэтов. Просуществовав несколько лет, под давлением властей традиция чтений была на долгий период прервана и возродилась только в 2009 году. Среди современных активных участников «Маяков» выделяется группа поэтов из проекта «ЛИРИКА», сформировавшегося весной 2018 года и включающего в себя одноименный поэтический панк-зин, telegram-канал и фестиваль поэзии. Этот проект имеет отчетливую акционистскую направленность, — он обращен к поиску радикальной формы, которая могла бы поставить под вопрос традиционные рамки

---

220 Раздел о #тихомпикете представляет собой переработанный и дополненный фрагмент статьи: Мартынов (2018b).
221 Примеры этих практик см. в книге Бойд / Митчелл (2015).
222 Название акции отсылает к польскому протестному арт-объединению «Оранжевая альтернатива», одним из символов которого был гном в оранжевом колпаке (Ковальчик 2015). Об «Оранжевой альтернативе» см. также в главе VI.
223 Акция «Гномы» выражала протест против произвола силовых структур российской власти. См. подробнее: Скиперских (2013). Этот пример формально воспроизводит структуру акции движения «Э.Т.И.» «Э.Т.И. — текст». 18 апреля 1991 года в знак протеста против «Закона о нравственности», запрещавшего ругаться матом в общественных местах, тринадцать человек под руководством Анатолия Осмоловского своими телами выложили на Красной площади в Москве слово ХУЙ.

представлений о поэтическом[224]. Как отмечает один из участников «ЛИРИКИ» Артем Камардин, «моя поэзия не влезет в книгу. Моей поэзии хорошо на площади»[225].

Название проекта «ЛИРИКА» двойственно. Кроме очевидного обозначения рода литературы оно также отсылает и к названию лекарственного противоэпилептического препарата "Lyrica", — дизайн обложки панк-сборника повторяет узнаваемые элементы дизайна упаковки лекарства. Эпилепсия в европейской культуре, начиная с Античности, долгое время считалась признаком пророческих способностей, и в этом отношении «противоэпилептическая» «ЛИРИКА» как бы провозглашает остановку действия профетического дара поэта, указывая на необходимость «прямого действия». При определенных нарушениях дозировки "Lyrica" может использоваться в качестве наркотического вещества[226], то есть представление об авторской медиумичности конструируется здесь в образах наркотического «трипа», который в отличие от неподдающегося контролю священного основан на механическом принципе расчета дозы.

Связь с другой поэтической традицией прослеживается в акции поэтессы Дарьи Серенко #тихийпикет. На этом примере мы остановимся подробнее, так как он содержит значимые для раскрытия нашей темы смыслы, связанные со структурой поэтического акционизма и с вопросом о том, как «не писать больше стихи, а действовать». С одной стороны, эту акцию Серенко рассматривала в качестве «продолжения своей поэтической практики»[227], а с другой, #тихийпикет, как замечает Роман Осминкин, продолжает опыты

> советских концептуалистов: серии «Обращения к гражданам» Д.А. Пригова или стихов на библиотечных карточках Л. Рубинштейна. В первом случае поэт расклеивал по московскому району Беляево более тысячи «обращений». [...] Опыт другого упомянутого концептуалиста, Льва Рубинштейна, примечательны своим выходом в политическое измерение, когда тексты с библиотечных карточек перекочевали на плакаты, с которыми автор выходил на многочисленные митинги «болотной площади» 2011–12 гг.[228]

---

224 "Лирика" — это ответ дряхлому, подслеповатому и уже подгнившему миру современной поэзии. Нам непонятно, почему те, кто занимается поэзией сейчас, либо погрязли в скучном академизме литинститутов, либо устраивают слэмы-соревнования, которые по уровню материала и его подаче больше похожи не на поэтические баталии, а на конкурсы детских утренников. [...] Мы не собираемся спасать жанр. Для нас поэзия это совокупность выразительных средств, инструмент коммуникации, но ни в коем случае не самоцель» (ЛИРИКА эл. ресурс).

225 Жабин (эл. ресурс).

226 См. Крылов (2016).

227 Симакова (2016).

228 Осминкин (2017, с. 133, 134).

Первая акция #тихогопикета была проведена 28 марта 2016 года в Москве, и после этого каждый день в течение примерно года Серенко делала плакаты на важные для нее темы, посвященные, как правило, различным проблемам дискриминации и насилия, и ездила с ними в метро. Акция не ограничивалась только Москвой и продолжалась в других городах, если в них по каким-либо причинам оказывалась *авторка*.

Важно, что плакат рассматривался *авторкой* не как пассивная поверхность, сообщающая какую-нибудь законченную мысль, а как динамическая конструкция. Серенко часто создавала плакатные тексты в процессе передвижения, переделывала их или дополняла, реагируя на возникавшие обстоятельства.

> Мне не хочется плакат фетишизировать, — говорит Дарья Серенко, уточняя смысл акции, — создавать вокруг него ауру экспоната. На выставке он превратится в какое-то дискурсивное ороговение, потому что меня рядом с ним уже не будет. Мне важно, чтобы плакат нигде не находился без человека, в данном случае без меня. Поэтому я не стала бы расклеивать стикеры по городу, раздавать листовки: это не работает.[229]

Плакат, таким образом, входит в структуру телесности, и при этом он является частью городского ландшафта, его продолжением[230]. Плакат #тихогопикета как бы сшивает интимный и публичный дискурсы в некоторое условное единство. Это позволяет вести сложную игру, в которой проблематизируются социально значимые поведенческие паттерны, то есть то, что Гарольд Гарфинкель определял как неартикулированные привычные (или рутинные) основания повседневной деятельности[231].

Общеизвестно, например, что подсматривать нехорошо, и это касается любых обстоятельств, даже тех, когда наблюдение другого составляет саму структуру ситуации. Например, в метро из-за нехватки места расстояние между пассажирами обычно очень небольшое, и всем хорошо заметно, чем занят другой пассажир. Но существует имплицитный запрет на излишнее любопытство, принято делать вид, что никто не замечает никаких особенных подробностей, — что читает другой пассажир или тем более пишет.

В #тихомпикете можно наблюдать попытку нарушения этого правила — не подсматривать. Дарья Серенко специально создает условия, при которых не-подсматривать становится не-возможно:

---

229 Оборин / Серенко (2016).
230 «Я сама в себе замечаю — особенно когда ты не являешься никаким политическим субъектом, не ощущаешь свою субъектность, — что человека с плакатом воспринимаешь, с одной стороны, как нечто очень чужеродное, а с другой стороны, как продолжение городского ландшафта» (Там же).
231 Garfinkel (1964).

> Иногда я специально езжу с плакатом в одной руке и маркером в другой, чтобы было видно, что это произошло здесь и сейчас. А иногда я, наоборот, везу его свернутым в трубочку, люди присматриваются к буквам, и я постепенно по ходу движения плакат разворачиваю. [...] Если я замечаю, что человек плохо видит, я стараюсь к нему ненавязчиво приблизиться. Если я вижу, что людям неудобен ракурс моего плаката, я стараюсь перехватить его поудобнее.[232]

Запись, которую Серенко делает на плакате, граничит с дневниковой потаенностью, — это область, которая не должна быть наблюдаема с точки зрения поведенческих паттернов («подсматривать нехорошо»), даже если она, тем не менее, доступна наблюдению. Бросая случайный взгляд на плакат, пассажир вдруг осознает, что в этом запретном для наблюдения частном пространстве, которое по своему статусу не должно иметь никакой внешней адресации, расположен призыв. Это нарушает естественное воспроизводство поведенческой нормативности и взрывает коммуникативную ситуацию изнутри.

Еще в 70-е годы XX века американский социальный психолог Стэнли Милграм в серии экспериментов в метро показал, что нарушение подобных базовых правил социального поведения сопровождается чувством необъяснимой тревоги, необходимость в устранении которой запускает процесс нормализации, восстанавливающей привычный порядок вещей. Ученый пытался понять работу механизма соблюдения описанных Гарольдом Гарфинкелем социальных норм, то есть таких норм, которые регулируют повседневную деятельность человека, но остаются при этом «некодифицированными и неэксплицированными»[233]. Экспериментаторы, которыми были студенты-выпускники Милграма, обращались с просьбой к сидящим в вагоне нью-йоркского метро пассажирам уступить им место, не называя никаких причин и не вдаваясь в подробности их просьбы. Вопреки пессимистичным прогнозам очень многие пассажиры поднялись со своих мест. Милграм объяснял это тем, что простой немотивированный отказ может осознаваться как нарушение негласных правил поведения в обществе. Их нарушение

> обычно вызывает у нас тревогу, которая выступает как сдерживающий фактор. [...] Тревога ставит мощный барьер, который необходимо преодолеть, независимо от того, является ли этот поступок важным — таким как неподчинение авторитету, или заурядным — просьба уступить место в метро. [...] Человек не может просто сказать «нет», а должен как-то мотивировать свой

---

232 Оборин / Серенко (2016).
233 Милграм (2000, с. 54).

отказ. Для того чтобы осознать, что в данном случае нет необходимости в такой мотивировке, требуется время. Многие испытуемые уступили свои места лишь потому, что не знали, как не сделать этого.[234]

Свои выводы С. Милграм согласует с тезисом П. Бергера и Т. Лукмана, выдвинутым ими в работе «Социальное конструирование реальности», о том, что

> первичным и наиболее существенным средством социального контроля является абсолютная объективность социального мира. [...] Участники социального взаимодействия непосредственно и нерефлексивно понимают, «что так делается, и делается именно так», и это понимание стабилизирует индивидуальное поведение и, тем самым, социальный порядок.[235]

Таким образом, «перформативные плакатные практики» Дарьи Серенко обращены к фундаментальным структурам социального порядка, функционирование которых под воздействием «плаката» оказывается если не остановленным, то во всяком случае временно заторможенным.

Кроме этого, #тихийпикет, создавая вокруг себя нестабильное коммуникативное пространство, аккумулирует альтернативный опыт смотрения, опыт непрямой визуальности. В этом смысле акция Серенко структурно немного напоминает практики создания «транзитных мест» в творчестве немецкого граффити-райтера Оза (Oz), чьи работы часто расположены в особых зонах ненаблюдаемости. Как отмечает Наталья Самутина,

> не видеть знаки Оза в Гамбурге проще простого: они сетью орнаментов покрывают поверхности, расположенные далеко на периферии городского зрения, — металлические опоры мостов, бетонные блоки, грязно-серые детали железнодорожного полотна, пустующие рамы для рекламных плакатов.[236]

Иными словами, творчество Оза формирует городское пространство, которое нельзя увидеть напрямую, и которое создает «невидимое сообщество видящих».

Подобные сообщества могут возникать и в связи с художественными текстами. Игорь Гулин, например, говорит о непрозрачной, плотной прозе Павла Улитина:

> Среди немногочисленных читателей его тексты формировали своего рода сеть объяснений, связей, обращений. Их затрудненность и делала каждого из улитинских читателей причастным его системе загадок. [...] В каком-то

---

234 Там же, с. 15, 57. Эксперимент Стэнли Милграма был повторен в 2010 году российскими учеными в московском метро. Результаты их работы в целом оказались близки к результатам, полученным Милграмом в нью-йоркской подземке. См. Воронов / Аль-Батал (2010).
235 Милграм (2000, с. 61).
236 Самутина (2014, с. 338).

смысле его проза конструировала из своих читателей некое рассеянное, призрачное тайное сообщество.[237]

В акциях Д. Серенко тоже присутствует попытка разместить сообщение в зоне ненаблюдаемого (и даже интимного) — в данном случае ненаблюдаемого с точки зрения неартикулируемой и воспроизводимой поведенческой нормативности. Но при этом Серенко все-таки не обеспечивает собственную анонимность, она занимает активную позицию, выступая в роли устроителя пикета, который хотя и назван «тихим», но на деле призван провоцировать и остранять коммуникативные практики. Здесь мы не согласны с точкой зрения Павла Митенко и Сильвии Шассен, которые интерпретируют #тихийпикет, наоборот, в качестве примера критики «героической концепции художника»[238].

На наш взгляд, «героическая концепция» не просто взята за основу в #тихомпикете и подчеркнута исключительной позицией *автора*-устроителя акции, она еще и парадоксальным образом усиливается близостью к паноптическим установкам власти, описанным Мишелем Фуко в «Надзирать и наказывать»[239]. Паноптизм, как известно, предполагает создание стабильного и сознаваемого пространства тотальной видимости

---

237 Гулин (2016).
238 В исследовании третьей волны московского акционизма Павел Митенко и Сильвия Шассен критикуют творческие стратегии Петра Павленского и Катрин Ненашевой, в которых на первый план выставлена фигура самого акциониста. «Имя Павленского всегда выносится в название статей, в то время как сексуальные работницы, даже когда их речь передается полно, остаются на втором плане. Изобразительный ряд, документирующий акцию "Не бойся", делает из Ненашевой главную героиню драмы, исключительно ее лицо или фигура на фоне прохожих появляются в интернет-изданиях (только в Фейсбуке можно найти снимки с горожанами). В больших СМИ она появляется как знаменитость, чьи персональные вкусы становятся предметом обсуждения» (Митенко / Шассен 2017). Исследователи ссылаются на философа Ива Ситтона, который проводит параллели между механизмами «капитализма внимания», применяемыми в господствующих медиа, и принципами, которые используют современные художники для популяризации своих акций. От акционизма Павленского и Ненашевой исследователи отличают #тихийпикет Дарьи Серенко, которая хотя и прибегает к использованию сетей Фейсбук и Вконтакте, участвующих в воспроизводстве «капитализма внимания», но горизонтальное устройство #тихогопикета оставляет место для непосредственной коммуникации и дает возможность реализоваться принципу взаимности. Кроме этого, Серенко, с точки зрения авторов, является примером критики «героической концепции художника»: «Конечно, инициировавшая его [тихий пикет] Дарья Серенко дала множество интервью и сама служила объектом героической трансфигурации в посвященных ей статьях. Но она неоднократно выражала сомнения по поводу героической концепции художника» (Там же).
239 Фуко (1999).

(всеподнадзорности) индивида. Невольно и неизбежно подсматривающий за плакатными манипуляциями пассажир метро вдруг обнаруживает в них объективацию собственной наблюдаемости. Как правило, это осуждающая объективация, связанная с табуированными темами, а без этого и не возникает никакого провокативного эффекта. Иными словами, хотя в #тихомпикете и можно увидеть определенную страсть к «риску и эросу»[240], сама структура акции невозможна без властвующего субъекта.

---

240 Хотя риск здесь измеряется телесными угрозами со стороны «рассерженных» пассажиров, он очень условно связан с возможным уголовным преследованием. Одна из участниц #тихогопикета, вдохновленная практиками Дарьи Серенко, в интервью заметила, что ей эта акция понравилась еще и тем, что за нее, «скорее всего, не посадят» (Гройсман / Абанин 2016).

Глава IV. *Blackout poetry*: решётки авангарда *vs* дисциплинарные решётки[241]

Blackout poetry представляет собой практику создания стихотворения на поверхности книжных или газетных текстов путем буквального зачеркивания/закрашивания в них черным маркером слов и графических элементов. Визуально такая поэзия представляет собой конфигурацию, состоящую из невычеркнутых фрагментов в окружении черной сетчатой структуры, образованной следами от вычеркивания. Использование «готовых», уже кем-то написанных текстов реализует идею реди-мейда (*ready-made*), означающую возможность для поэта или художника творчески присваивать уже существующие тексты или объекты, — сообщая им новые художественные контексты или создавая из их частей новые произведения.

В жанровом отношении *blackout poetry* является разновидностью так называемой *erasure poetry*, — широкого направления поэтических практик, основанных на различных техниках «стирания». Удаление текста-источника в *erasure poetry* может быть технически исполнено не только при помощи маркера как в *blackout poetry*, но самыми различными способами. Например, может использоваться прием обесцвечивания фрагментов исходного текста с сохранением его буквенной фактуры (Джен Бервин, «Сети»[242]), или в ход могут идти ножницы (Джонатан Сафран Фоер «Дерево кодов»[243]), а также специфическое выбеливание (*whiteout poetry*), то есть вычеркивание текста белой краской (Мэри Рафл «Маленькая белая тень»[244]) и др.[245] К вычеркиванию могут добавляться рисунки, и одним из первых образцов *erasure poetry*, — знаменитый "A Humument"

---

[241] Данная глава развивает идеи следующих опубликованных ранее статей: Мартынов (2018c), Мартынов (2017b), Мартынов (2019).
А. Галкина, А. Йоффе, Д. Серенко и А. Черкасов выразили согласие на публикацию цитат или фотографий в данной главе.
[242] Bervin (2003).
[243] Foer (2010).
[244] Ruefle (2006).
[245] См. обзор важнейших практик *erasure poetry* в лекции Андрея Черкасова «Практики поэтического вычитания: круг источников», прочитанной 30 ноября 2019 года в Национальной Библиотеке Чувашской Республики (Чебоксары) в рамках выставочного проекта «Границы образа. Поэты и художники круга Айги» (Чувашский государственный художественный музей, куратор Михаил Мартынов) (Черкасов 2019).

Тома Филлипса, — содержал большое количество живописных изображений, выполненных на тексте-источнике[246].

В этой главе наш анализ в основном будет связан с поэтическим блэкаутом. Данный выбор продиктован прежде всего активным использованием в блэкауте черного цвета, — как правило, лаконичного, без дополнительных графических элементов, который, как хорошо известно, является в то же самое время и одним из важнейших анархистских символов[247]. Текст в блэкауте как бы смещается в сторону визуального, вступая в конкуренцию с радикальностью черного, и мы попытаемся выяснить, проявляется ли в этом взаимодействии анархистская проблематика. Необходимость прояснения этого вопроса усиливается в ситуации участившегося в последнее время использования блэкаута для манифестации политической повестки[248].

Существует несколько идейных источников современного блэкаута. Прежде всего, необходимо вспомнить о технике нарезок (*cut-up*), практиковавшейся еще дадаистами, а в дальнейшем переоткрытой, с одной стороны, Брайоном Гайсином и Уильямом Берроузом, а с другой, — Павлом Улитиным[249]. Следует также сказать о трансфуристах (Ры Никонова, Сергей Сигей), творческий метод которых, выражаемый при помощи понятия «транспонирование», отдаленно напоминает, как на это обращает внимание Кирилл Корчагин, принципы построения текста в блэкауте[250].

---

246 Проект Тома Филлипса "A Humument: A Treated Victorian Novel" был начат в 1966 году и продолжается до настоящего времени. См. Phillips (1966).

247 Черный цвет часто фигурирует в названиях анархистских журналов и газет («Черное знамя», «Черный беспредел», «Черный крест», «Черный список», «Черный передел», «Черное и Красное», «Черная звезда» и др.), в названиях анархистских организаций («Черное знамя», «Черная Гвардия», «Черный блок» и др.), а также в одежде анархистов и др. Как сообщает одна из участниц созданной в 80-е годы XX века интернациональной анархистской организации «Черный блок», «наша одежда стандартна и выглядит намеренно устрашающей: черные платки, закрывающие лица, грубой выделки черные армейские брюки, черные куртки с капюшонами (часто с нашивками в виде черно-красных флагов и с девизами) и черные кожаные ботинки (у тех из нас, кто веганы — поношенные черные кеды)» (Черная Мэри 2009). Подробнее об анархистском черном цвете см. Мартынов (2017b).

248 См., например, работу Нины Поллари «Форма N-400» (2017), выполненную на официальном бланке Службы гражданства и иммиграции США (Pollari 2017), стихотворение Трейси К. Смит «Декларация» (2017), текстом-источником которого послужила одна из страниц Декларации независимости США (Smith 2017), а также блэкауты Дарьи Серенко, выполненные на уголовно-процессуальном кодексе РФ (см. ниже в этой главе).

249 См. подробнее в главе II.

250 «Транспонирование», — пишет Кирилл Корчагин, — есть «перевод существующего произведения, текстового или визуального, в другую тональность, попытка

Одним из приемов провозглашаемого трансфуристами «ирфаеризма», под которым, в частности, понималось «использование готовой формы в целях создания новой готовой формы», были близкие блэкауту «корректура — зачеркивания», «некоторые элементы вандализма»[251] и др. Неудивительно поэтому, что и среди произведений трансфуристов обнаруживаются прямые образцы *blackout poetry*[252].

Техника блэкаута в последние годы получила широкую популярность в интернете. Это произошло во многом благодаря работам Остина Клеона, который в 2010 году опубликовал «газетную» серию блэкаутов[253], послужившую в дальнейшем источником для многочисленных игровых подражаний. В российской поэтической культуре техника блэкаута тесно связана с именем поэта Андрея Черкасова, который на сегодняшний день выпустил несколько книг с поэтическими блэкаутами[254].

Идея стирания/вычеркивания текста не тождественна «зачеркиванию». В литературоведческих работах зачеркивание часто понимается как необходимый инструмент авторских поправок, предполагающий оппозициональность черновой записи и беловика, в сопоставлении которых возникает проблема поэтической вариативности[255], «текстологической неопределенности» и др.[256] Вычеркиваемый текст в блэкауте нельзя назвать в собственном смысле слова черновиком, поскольку вычеркиваемое активно предъявляет себя, а не только подразумевается[257].

разобрать его на составляющие, чтобы выстроить совершенно новое, причудливое и удивляющее. В чем-то эта практика напоминает распространившуюся уже значительно позднее практику блэкаута, когда чужой текст становится для поэта строительным материалом» (Корчагин эл. ресурс).

251 См. публикацию «Манифеста ирфаеризма» в издании: Кузьминский / Ковалев (сост., 1986).
252 См., например, обложку номера 18 издаваемого трансфуристами самиздатского журнала «Транспонанс», а также другие примеры: Сигей (1984).
253 Kleon (2010).
254 Черкасов (2015a), Черкасов (2018).
255 Суховей (2008, с. 133).
256 См. подробнее: Лощинская (2016).
257 В этом контексте блэкаут можно воспринимать в качестве одного из способов проблематизации «воли к чистовику» (Виталий Лехциер). Раскрывая проблематику оппозиции черновик/чистовик, Виталий Лехциер пишет: «Важно даже не то, что черновик в конце концов доводится до чистовика, а то, что художник, телеологически организуя свой творческий процесс, направленный на достижение абсолютного единства означаемого и означающего, в принципе исходит из возможности достижения такого абсолюта, осознанно или неосознанно допускает саму возможность его. Спрашивается: откуда у него такая предпосылка? Вот тайна чистовика! Присуща ли она самому опыту или является следствием "микрофизики власти" различных социальных практик? Абсолют, тождество, синтез — не анахроничны ли эти понятия применительно к творчеству, не скрывают ли

В технике блэкаута проявляется некоторое неотменяемое безальтернативное (непалимпсестное) уничтожение текста[258], которое можно рассматривать в контексте восходящей к Жоржу Батаю идеи о взаимосвязи искусства и насилия, искусства и смерти. Речь идет не просто об «организованном насилии поэтической формы над языком» (Р. Якобсон), а в некотором смысле об изначальном негативном насилии, с которого, согласно Батаю, и начинается искусство.

> Искусство — поскольку это несомненно искусство, — пишет Батай, — идет путем последовательных разрушений. Поэтому инстинкты, которое оно высвобождает, — это садистские инстинкты.[259]

В элементарном жесте зачеркивания проявляет себя «первобытный вандализм», в чистом виде встречающийся в детских рисунках, отражающих элементарное желание ребенка марать и деформировать лист бумаги, наносить ему разнообразные «увечья». Здесь возникает возможность для создания точек разрывов в неизбежном и никогда не прекращающемся производстве поэтической образности. Поэзия, в интерпретации Жоржа Батая, хотя и «ведет от известного к неизвестному» и «разрывает в клочья мир известного [...] в этом мире все же себя удерживает», то есть привязывает поэтический образ «к известному, которое и дает ему воплотиться»[260]. В жестком неотменяемом вычеркивании поэтического блэкаута проявляется чистая деструктивность, создающая условия для выражения некоторой экзистенциальной предельности, не схватываемой ни динамикой художественного образа черновика, ни «окончательностью» художественного решения чистовика.

Блэкаут производит игру видения / невидения, которая и делает возможным появление субъекта. Блэкаут хотя и начинается с вычеркивания, то есть с опыта отказа от смотрения, но в итоге этот опыт оказывается

они от нас за платонически-гегельянской пеленой и авторитетной, восходящей к Плотину, аналогией произведения с живым организмом действительную судьбу переживания? Ведь и органичность может быть не только чистовой, но и черновой, не центрированной, а ризоматической, не "единственно возможной связью", а наоборот, возможностью самых разнообразных связей, ветвящихся вариантов» (Лехциер 2007, с. 231).

258 Сравни с противоположным и одним из основных тезисов международного семинара «Зачеркнутое слово в перспективе художественного высказывания» (Санкт-Петербург, Институт русской литературы (Пушкинский Дом) РАН, 2015 г.): «Текст, интересующий филологов, не зачеркивается никогда, а лишь создается бесконечным процессом творчества» (Лощинская 2016, с. 248).

259 Цит. по: Краусс (2003, с. 62). Батай оспаривал выдвинутый психологом Люке принцип, согласно которому источником желания рисовать является «мирный принцип удовольствия» (Там же, с. 61-62).

260 Батай (1997, с. 252, 275).

необходим, чтобы увидеть в тексте что-то не запланированное им, некоторую избыточность. Само обнаружение поэтического субъекта происходит в таких невозможных местах текста, которые в обычном смысле существуют не для того, чтобы в них всматривались, — в обрывках слов при переносах, в местах между колонками статей в энциклопедиях, в «случайно» оставленных точках, запятых и других синтаксических знаках, в повторении заглавных букв, союзов или слов — в самой идее чистого повтора, оспаривающей установку на обязательную коммуникативность текста и др. Вот, например, как выглядят блэкауты поэта Андрея Черкасова:

Андрей Черкасов «Блэкауты»[261]

---

261 Черкасов (2015b).

Moscow blackout session № 2. Why so serious?[262]

---

262 Акульшин / Артамонова / Лермонтов / Лермонтова / Лермонтова / Соколова / Черкасов / Черкасова / Юрова (эл. ресурс).

Андрей Черкасов «Ветер по частям»²⁶³

Нетрудно заметить, что графически блэкаут напоминает структуру решётки, хотя и не всегда четко проявленную. В этом аспекте блэкаут сопоставим с произведениями художественного авангарда, что позволяет рассматривать «поэзию вычеркиваний» в контексте методологических установок Розалинды Краусс, согласно которой *решётка* является одной из ключевых идей авангардного искусства XX века.

Идея решётки, как объясняет Краусс, берет начало в трактатах XIX столетия по физиологической оптике, которые были проиллюстрированы решётками.

> Для художника, который желал углубить свои познания о зрении при помощи науки, решётка представляла собой матрицу знания. Самой своей абстрактностью решётка выражала один из основных законов познания — разделение инстанции восприятия и «реального» мира.²⁶⁴

В начале XX века решётку открывают кубисты, П. Мондриан, К. Малевич и другие художники, для которых решётка была способом избавления от господствующей в искусстве установки на миметичность. «Решётка, —

---

263 Черкасов (2018, с. 27, 74).
264 Краусс (2003, с. 25).

пишет Краусс, — это то, чем становится искусство, когда отворачивается от натуры»[265].

Решётки блэкаута почти совсем лишены заботы об узнавании собственной решётчатости как инвариантной и воспроизводимой структуры. Читатель блэкаута в каждом произведении должен каждый раз заново восстанавливать решётчатость, собирая ее из пустого и черного пространства и пространства, заполненного текстом. В этом отношении *идея решётки* в блэкауте противопоставлена принципу классификации и таксономии. Решётка — это не таблица, накладывающая на мир определенную систему запретов и ограничений, и составляющая, согласно Мишелю Фуко («Надзирать и наказывать»), суть дисциплинарной техники власти[266], но живая попытка высвечивания не схваченных «порядком дискурса» феноменов.

Краусс пишет, что художники мыслили решётку не как прием, позаимствованный у предшественников, а как свое собственное изобретение: каждый художник-авангардист «работал с решёткой так, будто только что изобрел ее»[267]. Решётка дисциплинарной таксономии устроена принципиально по-другому, — она не «изобретается» для каждого отдельного случая, как в блэкауте, но функционирует таким образом, чтобы любая индивидуальность, каждый «особый» случай смогли найти место в общей классификационной схеме. В противоположность этой дисциплинарной логике блэкаут отмечает скорее некоторую *неуместность* высказывания, что дает надежду на возможность «простора "сквозь решётку"» языка, описанную Паулем Целаном в своем знаменитом стихотворном сборнике[268].

В блэкауте впечатление уникальности и автономности решётчатого пространства усиливает воспроизводящаяся в нем идея небрежности и грязи, отсылающая в самом общем виде к школьным девиациям клякс. В исследовании, посвященном истории и антропологии «клякс», Константин Богданов утверждает, что «чистописание учит не письму, но неизбежности социального (само)контроля», то есть чистописание есть выражение «микрофизики власти» (Мишель Фуко)[269]. Каждый испачканный кляксами лист в школьной тетради отмечает присутствие конкретного

---

265 Там же, с. 19.
266 Соответствующий дисциплинарной логике образ решётки (картезианской координатной сетки) развивает также Фредрик Джеймисон, описывая с его помощью пространство классического (рыночного) капитализма (Джеймисон 2014, с. 335).
267 Краусс (2003, с. 162). «Поколение за поколением художники-абстракционисты "открывали" решётку; можно сказать, что в ней структурно заложен потенциал откровения: она всегда предстает как новость, как уникальное открытие» (Там же).
268 Целан (2019, с. 86, 339).
269 Богданов (2010).

живого человека[270]. Кляксы репрезентируют отдельность, неповторимость обстоятельств марания листа, неизбежно попадая в дисциплинаризирующий фокус основанных на телесной муштре практик чистописания. По мысли Фуко,

> чем более анонимной и функциональной становится власть, тем больше индивидуализируются те, над кем она отправляется; она отправляется через надзор, а не церемонии; через основанные на «норме» сравнительные измерения, а не генеалогии, ведущиеся от предков; через «отклонения», а не подвиги. [...] В системе дисциплины ребенок индивидуализируется больше, чем взрослый, больной — больше, чем здоровый, сумасшедший и преступник — больше, чем нормальный и законопослушный; [...] если же надо индивидуализировать здорового, нормального и законопослушного взрослого, всегда спрашивают: много ли осталось в нем от ребенка, какое тайное безумие он несет в себе, какое серьезное преступление мечтал совершить.[271]

Случаи небрежного отношения к письму наблюдаются в анархистском самиздате. Страницы анархистской периодики нередко производят впечатление черновых записей со множеством исправлений и зачеркиваний.

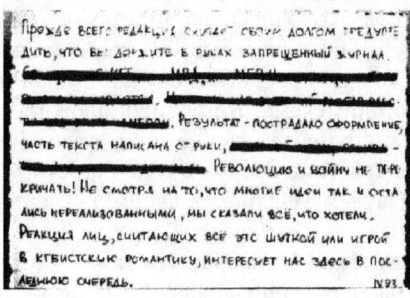

Фрагмент страницы самиздатского журнала «Подробности взрыва» (1993, № 1)[272]

---

270 Представление о том, что грязь — это сфера жизни, хорошо прослеживается в традиционной культуре. Например, Альберт Байбурин в исследовании, посвященном структурно-семантическому анализу восточнославянских обрядов, отмечает, что «грязь — признак живого человека», «грязь, нечистоты, навоз — признаки жизни, неотъемлемая часть человека, дома. Их отсутствие воспринимается как принадлежность иному, нечеловеческому. Характерно, что при переходе в новый дом переносят с собой сор из старого жилища». В свою очередь, чистота связана со смертью, что проявляет себя, например, в ритуальном обмывании покойника (Байбурин 1993, с. 130, 131).
271 Фуко (1999, с. 282-283).
272 «Подробности взрыва» (1993).

Любопытно, что и сама идея «грязи», — в данном случае грязи клякс, в перспективе концепции Мэри Дуглас, связана с представлениями о нарушении порядка, что в самом общем виде созвучно установкам анархистского мировоззрения.

> Грязь, — пишет Дуглас, — это по сути беспорядок. Абсолютной грязи не бывает: она видна ее носителю. Если мы сторонимся грязного, то это не из-за малодушия, страха или священного ужаса. Наши представления о болезнях также не объясняют всех особенностей нашего поведения, касающегося мытья или избегания грязи. Грязь восстает против порядка. Устранение ее — это не негативное действие, а позитивное стремление организовать окружающий мир.[273]

Идея небрежности лежит и в основе идейно близкого анархизму движения хиппи и панка, противостоящих мыслящему себя без ошибок миру официальной бюрократической культуры. Например, Вудстокский фестиваль хиппи выдвинул лозунг *Three days of mud, peace and love* («Три дня грязи, мира и любви»)[274]. «Небрежность» в панковской культуре[275] проявляется, например, в низком качестве исполнения и записи музыки, если сравнивать со студийными записями, то есть с «хорошо сделанными». Не существует, конечно, никаких запретов на запись музыки панка в профессиональных студиях, но панк стремится следовать принципу *Do It Yourself* (DIY, «Сделай сам»), отстаивая свое право на независимость от каких бы то ни было структур, ограничивающих самодостаточность человеческой личности.

В этом контексте идея решётки в блэкауте выходит в область политической проблематики. Блэкаут может быть использован для определенного политического манифестирования. Например, во время судебного рассмотрения дела участников московской передвижной антивоенной выставки {НЕ МИР}, поэтесса Дарья Серенко сделала несколько блэкаутов на страницах уголовного кодекса. Участники выставки обвинялись в организации несанкционированного шествия — в марте 2016 года они прошли со своими работами по одной из московских улиц, расположенной недалеко от центра современного искусства «Винзавод», и были задержаны полицией.

---

273 Дуглас (2000, с. 23).
274 Вайнштейн (1998, с. 157).
275 Важно, что и само слово "punk" в переводе с английского означает «грязь», «гнилье», «отбросы».

Блэкауты Дарьи Серенко, выполненные на уголовно-процессуальном кодексе во время судебного заседания по делу выставки {НЕ МИР}. 2016 г.[276]

Важный смысл, который был невольно этим задержанием манифестирован, состоит в отсутствии права субъекта на, так скажем, «нулевое пространство», то есть свободное от действия регламентирующего закона. Любое место публичного пространства является политически обусловленным, его невозможно как бы впервые обнаружить и присвоить, поскольку одновременно с субъектом его открывает и присваивает власть. «Поэзия вычеркиваний» является поиском таких пустых мест, — нейтральных мест повседневности, в которых субъект получает право на отсутствие[277]. В блэкаутах Дарьи Серенко эти места отмечены буквально пробелом, — в них «наказание» должно как бы «утрачивать силу».

---

276 Серенко (эл. ресурс).
277 В этом отношении блэкаут оказывается близок к идее психогеографии Ивана Щеглова. «Задача "психогеографа" — заменить старые улицы города новыми.

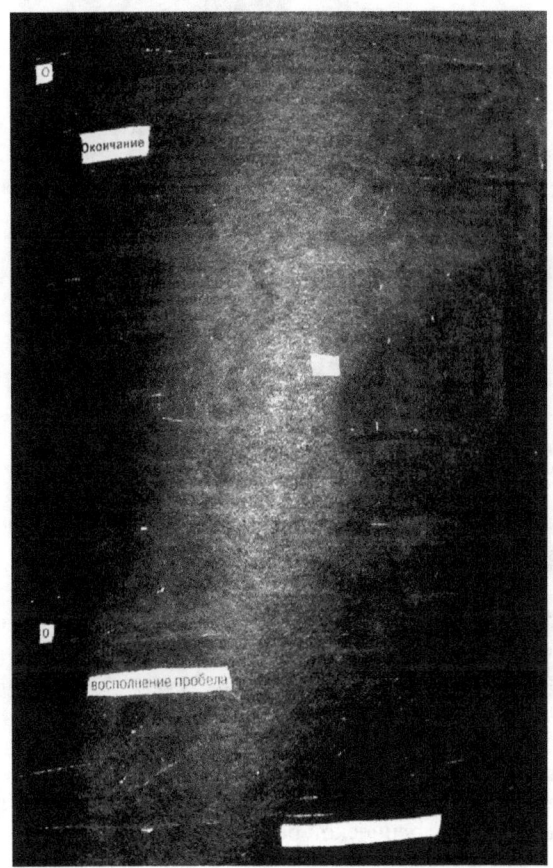

Дрейфуя по городу, надо переписать его как устаревшую книгу. Надо освободить город от жесткой сетки значений, навязанной ему. Надо сконструировать новые здания, где невозможно не быть влюбленным. Самая часто цитируемая фраза Щеглова: "Каждый будет жить в своем собственном соборе"» (Кузнецов 2003).

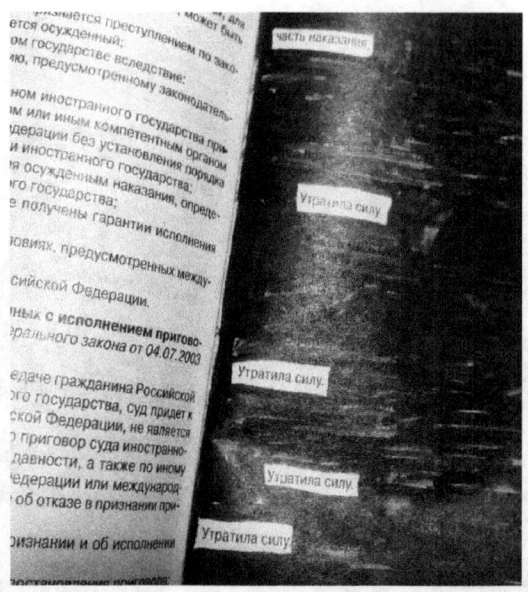

Блэкауты Дарьи Серенко, выполненные на уголовно-процессуальном кодексе во время судебного заседания по делу выставки {НЕ МИР}. 2016 г.[278]

Возможность таких мест чистой блэкаутной свободы субъекта заключена в самой идее решётчатого пространства, отрицающей, как на это указывает Розалинда Краусс, принцип перспективы[279] и связанную с ним власть. Принцип перспективы лежит в основе организации мифологического пространства, что характеризует его как властецентричное[280]. В мифе пространство структурируется только в местах иерофаний, то есть в особых местах предельной концентрации и проявленности священного в мире. Полнота мифологической реальности обусловлена отношениями

---

278 Серенко (эл. ресурс). Несколько блэкаутов Дарьи Серенко из этой серии были опубликованы в номере 19 литературно-теоретического журнала [Транслит]. Серенко (2017).

279 «Перспектива демонстрировала, каким образом реальность и ее репрезентация могут совпадать друг с другом, каким образом рисованный образ и его реальный прототип соотносятся друг с другом, — как первый есть форма знания о втором. Все в решётке противостоит этому соотношению, с самого начала обрубает его. В отличие от перспективы, решётка не размечает пространство комнаты, пейзаж или группу фигур на плоскости картины. Если решётка что-то и размечает, то лишь саму поверхность холста» (Краусс 2003, с. 20-21).

280 Под властью в данном случае понимается абсолютная божественная власть или власть как *arche*.

перспективы, то есть зависит от удаленности или приближенности к таким священным местам[281].

Решётка блэкаута ничего не размечает с целью репрезентации какой-то иной реальности, и конструируемое пространство не имеет, как в мифе, привилегированных точек. Власть репрезентации как бы отменяется решёткой, что, например, хорошо иллюстрирует лишённая перспективистской логики «решётка» Пита Мондриана — «Композиция с Красным, Жёлтым, Синим и Чёрным» ("Composition with Red, Yellow, Blue and Black", 1921), удивительным образом совпадающая с композиционной структурой работы Веласкеса «Менины»[282], которая, согласно известной интерпретации Мишеля Фуко[283], воплощает в себе перспективистскую логику власти.

Проблема политической репрезентации сближает блэкаут с некоторыми практиками современного протестного искусства. Например, на фотографиях Антона Курышева из серии "6-may-victims" (2013)[284], посвящённой протестным митингам на Болотной площади в Москве 6 мая 2012 года, лица арестовываемых протестующих прикрыты чёрными прямоугольниками, что как бы приостанавливает или отменяет возможность их опознания. Для многих задержанных участников фотографии и видеозаписи столкновений с полицией стали основанием для дальнейших судебных разбирательств. Вымарывая эти лица чёрным цветом, совершая акт решительного блэкаута[285], Курышев производит как бы символический жест защиты — анонимизирует участников, вычёркивает индивидуальное из политического пространства.

Радикализация чёрного цвета наблюдается в видеоинсталляции поэта Никиты Левитского «Завтра я не иду на выборы и вот почему», в которой на протяжении почти пяти минут показан процесс неторопливого сжигания российского паспорта в полутёмном кухонном пространстве. Эта видеоработа появилась в сети интернет накануне выборов президента Российской Федерации в марте 2018 года[286]. Пепел сожжённого паспорта имеет в буквальном смысле *радикальный чёрный цвет*, который в данном случае означает анархистский призыв к разрушению государственных институций. С точки зрения государства, паспорт должен иметь каждый гражданин, которому предписывается не просто обладать

---

281 См. подробнее: Элиаде (1994).
282 Аксенов (2013).
283 Фуко (1994, с. 41-53).
284 Курышев (2013).
285 Здесь мы расширяем понятие блэкаута и понимаем под ним не только работу с текстом, но и различные творческие практики закрашивания/вычёркивания изображений.
286 Левитский (2018). Тема огня/костра является значимой в поэтическом творчестве Никиты Левитского: Левитский (эл. ресурс a), Левитский (эл. ресурс b).

этим документом, но и бережно его хранить. Порча паспорта — недопустима, не говоря уже о его решительном уничтожении.

Прием Левитского все же нельзя считать универсальным жестом протеста. Например, для советских хиппи обладание паспортом имело важное практическое значение. Хиппи часто использовали паспорт (*ксиву*) в качестве специфического средства защиты от власти. Как правило, к паспорту прилагался «ксивник» — «нашейная сумочка для хранения ксивы, важная деталь хиппового туалета»[287]. В путешествиях «ксивник» вместе с паспортом функционировал по модели амулета, защищая его обладателя от «злой силы» — от милиционеров. Особенно ценился паспорт-амулет с московской пропиской.

Черный цвет не является абсолютным визуальным средством негации. Например, в серии «Фроттаж» (2009) художница Александра Галкина показывает бессилие черного цвета при вычеркивании документов, имеющих реальный объем своего властного присутствия и функционирования в мире.

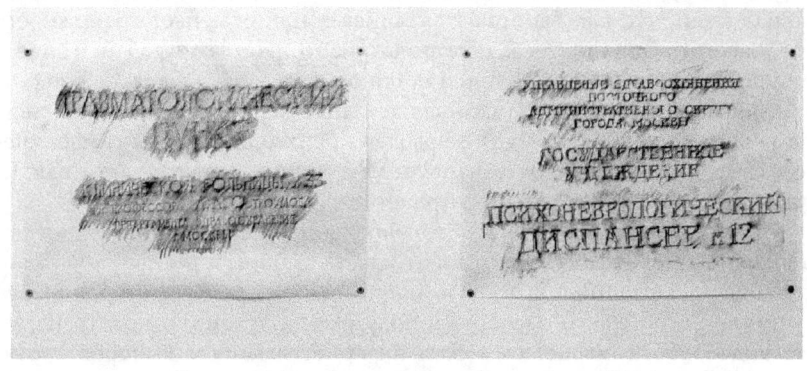

Александра Галкина. «Фроттаж» (графитовый мел, бумага, 2009)

Техника фроттажа, с которой связано название этой серии, представляет собой перенос фактуры при помощи натирания карандашом бумаги, наложенной на какую-нибудь рельефную поверхность. Александра Галкина прикладывала бумагу к вывескам государственных учреждений, занимающих однозначную позицию власти[288], и использовала при этом графитовый мел.

---

287 Вяльцев (2003).
288 «Федеральная служба РФ по контролю за оборотом наркотиков», «Общественные пункты охраны порядка», «Психоневрологический диспансер» и др.

Закрашиваемое/вычеркиваемое удаляется здесь не полностью и проявляется в виде незакрашиваемых слепых участков, которые продавливают черный цвет механическим воздействием карандаша на бумагу. В этом продавливании содержится элемент реального властного насилия, которое не может быть остановлено одной только имитацией его отрицания — то есть символическим зачеркиванием/закрашиванием при помощи черного цвета.

Неустранимое/неудаляемое насилие может быть понято также и как опыт травмы, которая неизбежна в ситуации столкновения личного пространства с пространством документальных свидетельств. Документ в этом случае выступает в качестве репрессивного означающего, и его критика так или иначе связана с категорией насилия[289].

В инсталляции российской художницы Алисы Йоффе "Passe-port" (2008) изображен черный дверной проем, обведенный по периметру орнаментом из российского паспорта.

Алиса Йоффе. "Passe-port", 2008

В этом примере почти полностью черное пространство входа/выхода выглядит как закрашенная паспортная фотография или даже как страница

---

289 Предполагающееся в актах насилия активное взаимодействие с реальностью не является специфичным только для критики документа и в целом характерно для арт-активизма последнего десятилетия. Например, среди основных задач VII Берлинской биеннале современного искусства (2012 год, куратор Артур Жмиевский) был показ «искусства, которое на самом деле работает, оставляет следы в реальности и открывает пространство, где может совершаться политика» (Цит. по: Яичникова 2012).

из паспорта — закрашенная вместе с имеющейся на ней фотографией. Глеб Напреенко видит здесь критику идеи репрезентации, возможности политического представительства[290]. Паспорт здесь никого не представляет, он не выполняет функцию удостоверения личности, — в том самом месте, где должна осуществляться коммуникация социального и индивидуального, находится пустое черное поле.

Семантика зачеркивания, то есть прямого закрашивания/вымарывания черной краской, кроме критики политической репрезентации предполагает также и критику «идеи прозрачности»[291]. С одной стороны, прозрачность (*transparency*) как модернистская идея выступает в качестве символа борьбы с коррупцией, что отразилось, например, в названии международной неправительственной организации *Transparency International*, осуществляющей антикоррупционную деятельность. Прозрачность в этом случае понимается как *открытость* деятельности государственных структур, их доступность для наблюдения со стороны общественности. Но с другой стороны, под прозрачностью может подразумеваться и семантика невидимости, ненаблюдаемости. Например, прозрачное стекло является ненаблюдаемым, что позволяет ему выступать в качестве условия наблюдения. Понятая таким образом прозрачность, то есть прозрачность как *невидимость* или *анонимность*, лежит в основании функционирования паноптического принципа дисциплинарной власти. Согласно этому принципу, власть должна быть невидимой или анонимной, а объекты власти, наоборот, должны находиться в области постоянной и осознаваемой наблюдаемости[292].

---

290 Напреенко (2015).
291 Как пишет Скотт Маккуайр, «вера в открытость и прозрачность — одна из опор архитектурного модернизма. Она также поддерживает современный политический идеал — репрезентативную демократию, где разоблачающие медиа называются "четвертой властью"» (Маккуайр 2014).
292 О паноптическом принципе дисциплинарной власти подробнее см.: Фуко (1999). Показательно, что Джереми Бентам определяет механизм властного наблюдения в своем идеальном проекте тюрьмы, «Паноптиконе», как «универсальную прозрачность» (Молок 1998, с. 9). Взаимосвязь прозрачности и дисциплинарного властного контроля хорошо иллюстрирует следующий отрывок из антиутопии Евгения Замятина «Мы»: «Через час должна прийти милая О. Я чувствовал себя приятно и полезно взволнованным. Дома — скорей в контору, сунул дежурному свой розовый билет и получил удостоверение на право штор. Это право у нас — только для сексуальных дней. А так среди своих прозрачных, как бы сотканных из сверкающего воздуха, стен — мы живем всегда на виду, вечно омываемые светом. Нам нечего скрывать друг от друга. К тому же это облегчает тяжкий и высокий труд Хранителей. Иначе мало ли бы что могло быть. Возможно, что именно странные, непрозрачные обиталища древних породили эту их жалкую клеточную психологию. "Мой (sic!) дом — моя крепость" — ведь нужно же было додуматься!» (Замятин 2003, с. 223).

По замечанию Бориса Гройса, затемнение прозрачности — это и есть способ ее существования. Прозрачность

> всегда существует лишь постфактум, после собственного исчезновения. До исчезновения «видят сквозь нее». Все это делает прозрачность не только областью мрака, но областью рассеявшегося мрака, пребывающего только в воспоминании.[293]

Если прозрачность или ненаблюдаемость власти является условием дисциплинаризации субъекта, то затемнение прозрачности можно представить в качестве способа репрезентации власти, способа ее локализации, обнаружения. Активный черный цвет раскрывает *прозрачность* как присутствие власти, обозначает ее место и тем самым выступает в качестве *критики ее кажущегося отсутствия*.

Власть тоже прибегает к практикам вымарывания, но осуществляет их без использования черного цвета. Черный обнаруживает намерения власти, делает их заметными, очевидными, тогда как они должны быть скрытыми от непосредственного наблюдения. Незаметное вымарывание тождественно прозрачности, которое не сохраняет память об удаляемом. Власть вымарывает при помощи неартикулируемой прозрачности.

В книге Дэвида Кинга «Пропавшие комиссары. Фальсификация фотографий и произведений искусства в сталинскую эпоху»[294] представлен богатый фотоматериал, демонстрирующий подобные практики советской власти по «вымарыванию» неугодных ей людей из советской истории. В книге опубликованы одновременно и оригиналы фотографий, и их отретушированные копии, что позволяет наблюдать, каким образом происходила фальсификация истории в интересах культа личности Сталина и соответствующей этому культу партийной идеологии. Изображения лиц, которые в какой-то момент оказались в числе врагов Сталина и его режима, тщательно удалялись из опубликованных ранее фотографий или написанных картин, — то есть они становились абсолютно прозрачными, не оставляющими следов как своего присутствия, так и отсутствия.

> В период «больших чисток», разразившихся в конце 30-х годов, появилась новая форма фальсификации документов. Сталину мало было уничтожить своих политических противников физически: параллельно с физической ликвидацией искоренялись все формы их визуального бытия. Фотографии, предназначенные для публикации, ретушировали; потом, с помощью краскораспылителя и скальпеля, с них удаляли изображения людей, прежде широко известных. В музеях и картинных галереях со стен время от времени снимали

---

293 Гройс / Пепперштейн (эл. ресурс). Ср. с замечанием Валерия Подороги, сделанным по поводу ток-шоу «За стеклом»: «прозрачность дает возможность видеть, но сама остается невидимой» (Подорога 2016, с. 75).
294 Кинг (2005).

полотна — и спустя некоторое время вновь выставляли их на всеобщее обозрение, но уже без скомпрометированных лиц.[295]

Удаление фотографий врагов советской власти и советского народа являлось не только заботой работников советской печати, но и рядовых граждан. Хранить в своей библиотеке издания с фотографиями официально вычеркнутых из советской истории лиц было опасно. Чтобы избежать возможных обвинений в сочувствии к враждебным элементам, такие издания необходимо было уничтожать или вычеркивать из них компрометирующие изображения. Если в официальной печати ретуширование фотографий должно было быть незаметным, то в частных практиках в ход шли любые средства, — например, ножницы или черная тушь. Один из таких документов, демонстрирующий следы вычеркивания, Дэвид Кинг обнаружил в архиве Александра Родченко. В 1934 году по заказу ОГИЗ (Государственное издательство) Родченко оформил альбом «Десять лет Узбекистана», а уже в 1937 году некоторые высшие чиновники, чьи портреты были в нем напечатаны, подверглись репрессиям. В собственном экземпляре Родченко был вынужден удалить часть изображений, но сделал это максимально эффектно — при помощи черной туши он закрасил пять мужских и один женский портрет. Использование черного цвета произвело неожиданный (противоположный) эффект, не отвечающий прагматическим установкам власти — «вычеркнуть и забыть». Как пишет Кинг,

> Родченко ответил на «чистки» как художник, невольно став родоначальником новой «художественной формы», которая графически отражала действительную судьбу жертв. Залитые чернилами портреты одного из руководителей советской тайной полиции Якова Петерса или Акмаля Икрамова, возглавлявшего партийную организацию Узбекистана, воспринимаются как пугающие символы. [...] Результат был одновременно жесток и абсурден.[296]

Данные примеры вымарывания фотографий подпадают под идею блэкаута, соединяющую в себе одновременно как установки авангарда, так и анархизма. Известно, что Александр Родченко разделял анархистские взгляды. В одной из своих публикаций в газете «Анархия» он восклицает:

> Мы идем к вам, дорогие товарищи анархисты, инстинктивно узнавая в вас своих раньше неведомых друзей! [...] Настоящее принадлежит художникам-анархистам в искусстве (Анархия. 1918. № 29. 28 марта).[297]

Согласно О.Д. Бурениной-Петровой, «один из приемов утверждения анархизма у Родченко — пристрастие к черному цвету»[298], который он,

---

295 Там же, с. 11.
296 Там же, с. 14, 140.
297 Цит. по: Обатнина (2013).
298 Буренина-Петрова (2016, с. 126).

например, использовал в этюде «Черное на черном» (1918). Это произведение Родченко трактуется исследователем как визуальное утверждение анархистского черного знамени[299].

В искусстве авангарда одним из самых известных примеров осмысления черного цвета в качестве способа символического выражения бунтарского анархистского мировоззрения является «Черный квадрат» Казимира Малевича. «Одна из множества интерпретаций "Черного квадрата", — утверждает Игорь Смирнов, — могла бы связать его с анархистским черным знаменем»[300]. Неотражающие (незеркальные) свойства «Черного квадрата» хорошо согласовываются с существенными характеристиками психики анархистов, которые Смирнов связывает с «дозеркальной стадией» Жака Лакана. «"Черный квадрат" принципиально не зеркален, т. е. не оставляет никакого места для воображаемого тела»[301].

В русском авангарде обращение к «черному цвету» все же не обязательно было связано с манифестацией анархистского мировоззрения. Черный цвет (например, одежды[302]) мог быть и просто средством эпатажа, являющегося, согласно М.И. Шапиру, родовой чертой авангарда[303],

---

299 Там же.
300 Смирнов (1999, с. 313). О.Д. Буренина-Петрова в статье, посвященной проблемам взаимосвязи анархизма и авангарда, вслед за Смирновым также указывает на то, что «"Квадрат" был для Малевича воплощением образа черного знамени — главной эмблемы анархистов» (Буренина-Петрова 2016, с. 125). К этому она добавляет, что «"Черный квадрат" в определенной степени и задал изобразительную парадигму для анархизма в искусстве, поскольку, утрачивая прежнюю изобразительную логику, он завораживает возможностью бесконечных поисков свободы в искусстве» (Там же).
301 Там же, с. 313. Анархистская психика, уточняет свою мысль Игорь Смирнов, отрицает возможность удвоения телесности. Например, «Прудону не хотелось бы, чтобы у тела был замещающий, репрезентирующий его объект, собственность. [...] Толстой не соглашался с тем, что религиозные люди могут испытывать потребность в некоей, занимающей их место, еще одной телесности — в священстве, в клире. [...] Анархист, надо думать, — такая личность, которой в эдипальный период становления по той или иной причине не удалось оттеснить отца от матери и которая поэтому ищет удовлетворения для своей революционности обходным путем, а именно: в стремлении сделать иррелевантным отцовство само по себе. Тем самым восстание анархиста оказывается протестом, отбрасывающим человека в самую глубину зреющего в ребенке психизма, в тот возраст, который предшествует наступлению лакановской "зеркальной стадии". Для индивидуума-анархиста отцовство-институциональность — это лишь ничем не заполненная форма, бессодержательный символ, воистину "Nom du Pere"» (Там же, с. 302-303, 313-314).
302 См.: Колесникова (2015).
303 Шапир (1995).

а также элементом индивидуальной поэтики, как, например, в поэтическом творчестве Тихона Чурилина[304], который хотя и отмечал собственную идейную близость к коммунистам-анархистам, но тем не менее черный цвет в его стихах играл скорее эстетическую роль, чем мировоззренческо-декларативную.

Не только черный цвет противостоит прозрачности, но также и белый, — он может быть описан как цвет, «препятствующий видению», как

> совершенно непросвечивающий цвет, несовместимый с идеей прозрачности. «Белый это непрозрачный цвет» — заметил Витгенштейн и загадал загадку: «Почему зеленый бывает прозрачным, а белый не бывает?»[305]

Анна Вежбицкая предлагает следующее объяснение:

> Мне кажется, что образ земли под снегом в качестве прототипа объясняет, по крайней мере отчасти, интуитивные замечания подобного рода. Потому что то, что 'белый' это «самый светлый из всех цветов» и при этом «несовместим с темнотой», объясняется противоположностью дня и ночи (грубо говоря, ночь 'черная', день противостоит ночи, и 'белый' противостоит 'черному'). Но то, что 'белый' тоже не пропускает света и служит препятствием для видения, хорошо согласуется с образом снега, который покрывает и 'прячет' землю. 'Синева' неба и 'желтизна' солнца вряд ли могут служить 'препятствием' между глазом и чем-нибудь еще; зелень листвы — это тоже что-то такое, сквозь что можно видеть (если не считать дремучих джунглей); и, конечно же, вода глубокого моря или озера может быть какой угодно, но непрозрачной она быть не может. А белые снежные просторы действительно невероятно светлые, и тем не менее они служат непроницаемым барьером для глаза, покрывалом для земли, сквозь которое ничего не видно.[306]

Несмотря на общность характеристик непрозрачности у черного и белого, следует отметить, что черный цвет является *сильнее* белого. В отличие от черного, отрицающая непрозрачность белого не запрещает существование других цветов и связанной с ними какой-то другой, кроме отрицательной, семантики. Это объясняется, в частности, тем, что белый цвет преимущественно реализует семантику света, а «когда очень светло, — пишет Вежбицкая, — можно видеть много разных цветов»[307]. Черный

---

304 См. подробнее: Мирзаев (2011).
305 Вежбицкая (1996, с. 252).
306 Там же. Представления о непрозрачности белого цвета не являются универсальными. Поскольку «знакомство со снегом не принадлежит универсальному опыту человечества, точно так же не универсальна идея о непрозрачном "поверхностном цвете" — 'белом'» (Вежбицкая 1996, с. 253). Например, «в бразильском языке тарьяна слово *halite* 'белый' значит также 'прозрачный' (и, кроме того, 'светлый')» (Там же).
307 Там же, с. 251.

цвет связан не со светом, а с темнотой, запрещающей существование каких-либо цветов, кроме черного. В этом контексте черный цвет представляется нам способом десемантизации, и его можно отнести к «бедным средствам» в понимании Жоржа Батая. Философ пишет, что

> лишь бедные (самые бедные) средства способны произвести разрыв (богатые средства переполнены смыслом, они встают между нами и неизвестностью, словно самостоятельные объекты исканий). Важна единственно напряженность.[308]

В высказывании Батая, на наш взгляд, содержится мысль, что настоящая *неизвестность* не может обладать качеством неизвестности, потому что в этом случае нам становится уже что-то о ней известно. Например, в выражении «белые страницы» (но не страница) хотя и подразумевается семантика неизвестности (например, исторической), но для этой неизвестности указано место, уже заранее расчищено поле.

Частое использование бедного средства не является кумулятивным, оно не накапливает, не увеличивает смысл отрицания. Это отрицание обладает качеством батаевской «напряженности», то есть оно не прибавляет себя к отрицаемому, но выступает в качестве исходной вопрошающей обеспокоенности, которая напоминает тревогу перед лицом *недифференцированной* неизвестности черной ночи[309].

Мишель Пастуро пишет о том, что если в XX веке черный цвет (одежды) ассоциировался с нарушением запретов, то в настоящее время он

> уже почти не воспринимается как символ протеста, в каком-то смысле он даже превратился в пародию на самого себя. Если в наше время кто-то, желая выразить свои бунтарские настроения, неприятие общественных условностей или ненависть к власти, оденется в черное, этого будет уже недостаточно, чтобы обратить на себя внимание.[310]

Следует прокомментировать это высказывание. С одной стороны, Мишель Пастуро прав, и действительно черный цвет одежды не соотносим однозначно с радикальным отрицанием, — например, существующего государственного строя, и может иметь какую угодно семантику, воспроизводимую в различных областях повседневной жизни человека (например, в области моды). Но с другой стороны, опустошение протестной семантики черного цвета в области одежды не означает также ее опустошение в других областях. На наш взгляд, показательны в этом отношении

---

308 Батай (1997, с. 41).
309 «Человек всегда боялся темноты. Ведь он не принадлежит и никогда не принадлежал к числу ночных животных, и даже если за долгие века ему и удалось более или менее приспособиться к ночному мраку, он был и остается существом дневным, радующимся свету, ясному небу и ярким краскам вокруг» (Пастуро 2017, с. 21).
310 Там же, с. 134.

практики блэкаута, которые расширяют возможности как современной «левой поэзии», так и «левого» искусства (арт-активизма), в которых черный цвет как раз сохраняет (и усиливает) свои протестные качества. Радикальность и агрессивность черного цвета определяется не сферой его применения — в этом плане он может быть присвоен кем угодно и не обязательно анархистами, — а его способностью служить напоминанием о радикальном *разрыве*, то есть его онтологией: способностью быть «бедным средством».

Глава V. Творчество Егора Летова в контексте (пост-)анархистской философии[311]

С середины 70-х годов XX века в рок-музыке начинает формироваться новое направление, получившее название «панк-рок»[312]. Панковские группы появились сначала на территории Северной Америки, Австралии и Великобритании, а затем и в других регионах мира. Панки стремились к независимости в вопросах жизненного самоопределения и эстетического выбора[313], и большую роль в организации их мировоззрения сыграли анархистские идеи, которые в целом ассоциировались со свободой в самом широком смысле слова. Панки не всегда хорошо разбирались в теоретических вопросах анархизма и его истории[314], но недостаток этих знаний они восполняли своей страстью к эпатажу, которая, как отмечает Крейг О'Хара, сближала панк с футуризмом[315].

> Частью провокационной линии поведения панка были выступления, на которых исполнителей рвало на сцене, они плевались в публику и демонстрировали раны, нанесенные ими же самими при помощи бутылок, рыболовных крючков и ножей. [...] Футуристы пытались донести свое антихудожественное послание на улицы через вызывающую одежду, серьги и грим[316]. Это было в

---

311 Глава представляет собой переработанную и расширенную версию опубликованной ранее статьи: Мартынов (2020).
312 В переводе с английского слово *punk* означает «грязь», «отбросы».
313 Согласно Крейгу О'Харе, главная идея панка выражается в следующем призыве: «Думай самостоятельно, будь самим собой, не просто принимай то, что дает тебе сообщество, создавай свои собственные правила, живи своей собственной жизнью» (О'Хара 2003, с. 62).
314 Там же, с. 99.
315 Об эпатаже как одной из существенных особенностей художественного авангарда см., например, в статье М.И. Шапира «Эстетический опыт XX века: авангард и постмодернизм»: «Агитационное искусство, во-первых, добивается сочувствия и сомыслия, а во-вторых, хочет сообщить активности адресата вектор. В отличие от него авангард просто "раздражает" обывателя, причем делает это попусту, бескорыстно, из любви к искусству. Реакция на него — не направленная, а броуновская, заставляющая "бежать на месте"» (Шапир 1995, с. 137).
316 Здесь уместно вспомнить о манифесте Ильи Зданевича и Михаила Ларионова «Почему мы раскрашиваемся» (1913): «Мы связали искусство с жизнью. После долгого уединенья мастеров, мы громко познали жизнь и жизнь вторгнулась в искусство, пора искусству вторгнуться в жизнь. Раскраска лица — начало вторжения. [...] Если ли бы нам была дана бессмертная красота — замазали бы ее и убили — мы, идущие до конца. Татуировка не занимает нас. Татуируются раз

последующем скопировано на Кингз Роуд в Лондоне теми панками, которые делали упор на моду.[317]

Первая российская панк-группа, — «Автоматические удовлетворители», появилась в Ленинграде в 1979 году, и с этого времени берет начало история формирования российской панковской культуры. Как отмечают И. Гололобов, И. Стейнхольт и Х. Пилкингтон, российский панк не имеет единой истории развития:

> Как минимум с середины 1980-х годов панк в России разбился на множество самых разных, зачастую изолированных и нередко антагонистических сцен, последовательная смена которых усложняется региональной фрагментацией этого культурного явления.[318]

В нашем анализе мы остановимся подробнее на творчестве Егора Летова (1964–2008) — одного из самых заметных представителей «сибирского панка». Во-первых, Егор Летов важен для нас своим балансированием на границе музыкального жанра и поэтического текста. Он воспринимал свои произведения «не как приложение к музыке, а как имеющие самостоятельное значение»[319]. Летов издал несколько поэтических сборников, и его творчество оказало влияние как на панков[320], так и на младшее поколение поэтов 90-х годов[321].

Во-вторых, наш выбор обусловлен нетривиальным отношением Летова к анархистским идеям. В той или иной степени все панки придерживались анархистских взглядов, но в основном эти взгляды были поверхностными, что иногда вызывало у анархистов раздражение. Например, Кирилл Лиманов следующим образом отзывается об использовании панками анархистского символа «А в круге»:

> Эмблему анархизма используют не только идейные анархисты. Большой вред эмблеме нанесли панки. Не придумав своей собственной символики, панки использовали анархистскую, внеся путаницу в ума людей. Буржуазная пресса стремилась представить все либертарное движение как сборище хиппи и панков только потому, что они используют анархо-символику.[322]

навсегда. Мы раскрашиваемся на час, и измена переживаний зовет измену раскраски. [...] Мы раскрашиваемся — ибо чистое лицо противно, ибо хотим глашатайствовать о неведомом, перестраиваем жизнь и несем на верховья бытия умноженную душу человека» (Зданевич / Ларионов 2009, с. 368, 369, 370).

317 О'Хара (2003, с. 59, 60).
318 Гололобов / Стейнхольт / Пилкингтон (2016, с. 31).
319 См. Кукулин (2001).
320 Современные панки часто используют тексты Летова в виде прямых или скрытых цитат в своих песнях. См. Шостак (2018).
321 См. Кузьмин (2001), Иванов (2012).
322 Лиманов (1998, с. 57).

Летовский анархизм не сводился к банальному выкрикиванию популярных анархистских лозунгов или повторению готовых анархистских формул[323]. В своем творчестве Летов смог выработать свое собственное понимание «анархии», оказавшее сильное обратное влияние на мировоззрение российских анархистов конца XX — начала XXI века. Отдельные его тексты и высказывания можно рассматривать в качестве источника анархистской прецедентности. Например, призыв «Убей в себе государство!» («Государство», 1987) функционирует сегодня как анархистский и опознается без обязательной отсылки к оригиналу. Тексты Летова являются также источником для протестной номинации в различных, часто удаленных друг от друга, контекстах. Например, фраза «Мы — лёд под ногами майора!» из песни Летова «Мы — лёд!»[324] (1987, альбом «Тоталитаризм») была использована в качестве подписи к статье в анархистской газете «Ситуация»[325]. К этой же летовской фразе отсылает, по всей видимости, и название популярного telegram-канала «Под лед», посвященного «актуальному русскому андерграунду».

Обратим внимание и на многочисленные случаи использования темы «льда под ногами майора» (и не только этой темы[326]) в творчестве представителей современных поэтических протестных сообществ. Приведем только несколько примеров из текстов поэтов, участвующих в проекте «ЛИРИКА» (2019):

Мы лёд под ногами майора,
Мы снег на Дворцовой площади,
Мы эхо сырой Авроры,
Мы медные злые лошади

Марина Васильева «А на родине холодно как в аду...»[327].

---

323 Идеи анархии нашли отражение в таких песнях Егора Летова, как «Анархия» (1987), «Новый 37-й» (1987), «Государство» (1987) и др.

324 *Пока мы существуем — будет злой гололёд // И майор поскользнётся, майор упадёт // Ведь мы — лёд под ногами майора!* (Егор Летов «Мы — лёд», 1986) (Летов 2005, с. 72). Тема льда имеет интересную отсылку к творчеству немецкого анархиста Густава Ландауэра. Герой его «Проповедника смерти» Карл Штаркблом во время катания на коньках по льду открывает в себе ораторские способности и становится проповедником социалистических идей. Согласно предположению А.В. Ерохина, этот образ мог появиться в данном тексте под влиянием увлечения коньками другого анархиста — Л.Н. Толстого, творчество которого Ландауэр высоко ценил (Ерохин 2014, с. 360).

325 Тов. Лед Под Ногами Майора (2003).

326 См., например, использование цитат из песен Егора Летова и интервью с ним в поэме Антона Очирова «Палестина» (Очиров 2010, с. 16, 40-42).

327 Васильева (эл. ресурс).

> майор, этот лёд охуенно тонкий
> он подтаявшим холодом берцы лижет
> знаешь, майор, мы хотим как в Гонконге
> хотим как в Париже
>
> Борис Булгаков «Я/МЫ — лёд под ногами майора»[328].

> Она росла.
> Сперва она научилась ползать на четвереньках, довольно бодро.
> Затем пошла.
> Очень быстро освоила основные слова:
> Беспредел, Холодно, Мусора.
> И покороче: Бог, Нет, Лёд[329]
> И самое короткое: Аааааа!!!!
>
> Ксения Ермошина «Чёрный дым»[330].

Мысль о широкой узнаваемости и воспроизводимости цитат из летовских песен выглядит немного странно в контексте замечания Ильи Кукулина о том, что в творчестве Летова цитата как знак предшествующей культурной традиции «почти всегда радикально поставлена под вопрос»[331]. Любопытно, что не только песни Летова и отдельные фразы становятся знаком анархистской традиции, но также и его имя, которое часто используется в качестве эмблемы анархистского протеста[332] — без какой-либо вопросительной интонации, как что-то само собой разумеющееся.

Несмотря на растиражированность летовского анархизма, существуют обстоятельства, которые делают вопрос об идейных основаниях мировоззрения Летова все-таки не таким очевидным.

Прежде всего необходимо обратить внимание на тему смерти, занимающую в творчестве Летова одно из центральных мест[333], а также на не-

---

328 Булгаков (эл. ресурс).
329 Смысл летовской фразы подчеркивается здесь графическим приемом, — слово *лёд* располагается буквально под словом, обозначающим (предположительно) майора.
330 Ермошина (эл. ресурс).
331 Кукулин (2001). Обращение Летова с цитатами хорошо прослеживается на примере его стихотворения «Русское поле экспериментов».
332 Например, см. интервью участников панковской группы Hate to state (Минск) белорусской газете «Антыфашык»: «Мы — анархисты! За этим стоит нечто большее, чем буква А, намалеванная на стене, или Егор Летов на майке большинства тех, кто называет себя "анархистами" [...]» (Hate to state эл. ресурс).
333 Тема смерти заметна уже в сокращенном названии группы — ГрОб («Гражданская оборона»). В рецензии на сборник стихотворений Егора Летова, изданный в 2011 году, Виктор Иванов пишет: «У Летова умиранием и смертью в буквальном

типичный для анархизма способ ее осмысления. «Человек, занимающийся роком, — говорит Летов, — постигает жизнь, но не через утверждение, а через разрушение, через смерть»[334]. Этот тезис напоминает эпистемологическую позицию Сократа в «Федоне» Платона, согласно которой жизнь настоящего философа должна быть посвящена только одному — «умиранию и смерти»[335]. Но в песнях Летова смерть фигурирует не только как познавательная структура, смерть у него часто самодостаточна, имеет ценность в себе. Если Сократ понимает смерть в качестве способа избавления от мешающей созерцанию чистых идей иррациональной материи, то в творчестве Летова смерть не всегда имеет подобное вертикальное измерение.

Образ смерти появляется во многих песнях Летова, и он сам называл свой стиль «суицидальным постпанком»[336].

Оо — моя оборона
Солнечный зайчик незрячего мира
Оо — моя оборона
Траурный мячик стеклянного глаза
Траурный зайчик нелепого глаза...

(«Моя оборона», 1988)[337]

Люди сатанеют, умирают, превращаясь
В топливо, игрушки, химикаты и нефть
В отходы производства, мавзолеи и погоны
Вижу — ширится растёт психоделическая армия

Винтовка — это праздник, всё летит в пизду!

(«Всё летит в пизду», 1988)[338]

смысле начинено и пронизано все словесное вещество. В песне "Русское поле экспериментов" есть такие слова: "Яма как принцип движения к солнцу" (с. 250). Яма — это только одна сторона качелей и их размаха: "Летели качели / Без пассажиров/ Без постороннего усилия / Сами по себе" ("Прыг-скок" (с. 278)). Движение в этих стихах идет чем глубже, тем — выше: "НИЖЕ КЛАДБИЩА / ВЫШЕ СОЛНЫШКА" (с. 281). Движение невидимого пассажира-медиума, который и раскачивает качели, вынесено за скобки — но именно оно дает максимальное разнесение полюсов. Посредником-медиумом в этом движении является личное умирание, "непрерывный суицид", психоделический, психиатрический, пограничный опыт» (Иванов 2012).

334 Летов (1997).
335 Платон (2007, с. 21).
336 Гололобов / Стейнхольт / Пилкингтон (2016, с. 38).
337 Летов (2003a, с. 272).
338 Летов (2003b, с. 129).

> Мой друг повесился у вас на глазах
> Он сделал харакири у вас на крыльце
> Он истёк надеждой и всем, чем мог
> А все вы остались такими же!
>
> («Харакири», 1987)[339]

Жизнь и смерть часто сталкиваются между собой, и в этом столкновении смерть всегда значительнее, например, весна прорастает смертью:

> На что я молюсь?
> На цветущие яблони я молюсь
> Да на майские ливни знобящие
> Кресты кладу — словно саблей наотмашь
> Кланяюсь — землю давлю белокаменным лбом
> Смерть выдавливаю из земли
>
> («На что я молюсь?..», 1994)[340]

Смерть фигурирует не только на уровне темы или образа, текст может быть реально организован как речь умирающего человека, включать в себя элементы этой речи. Например, Егор Летов вспоминает о том, как создавалась песня «Реанимация» из одноименного альбома:

> когда я лежал под капельницей […], а вокруг меня время от времени умирали люди — самоубийцы, передозники и проч. А я спешно записывал в блокнот обрывки их предсмертных бредовых речей — самую чудовищную, неистовую, невероятную поэзию, с которой мне довелось сталкиваться в этой жизни.[341]

Апологию смерти в творчестве Летова сложно согласовать с анархистским мировоззрением, которое делает выбор в пользу жизни, а не смерти. Например, московский анархист Петр Рябов отмечает, что

> анархия родится из самой стихии Жизни, из стремления людей к свободе, из инстинкта самоосвобождения, «святого чувства бунта» (по Бакунину) или (по Кропоткину) — из спонтанного природного творчества и живой ткани социальности.[342]

---

339 Летов (2001, с. 10).
340 Летов (2003с, с. 44).
341 Семеляк (2004, с. 36). Ср. также с замечанием Виктора Иванова о том, что в творчестве Летова «крайнее безумие, начиненность смертью проживаются в полном сознании, при твердом сохранении рассудка» (Иванов 2012).
342 Рябов (2011, с. 89).

Концепт *жизнь* может трактоваться в анархизме также и в более широком смысле витальности. Хаким-Бей в «Коммюнике ассоциации онтологического анархизма», размышляя о подлинно «революционном искусстве», связывает это искусство с *жизнью*:

> У нас есть черная бомба для этих фашистов от эстетики, она взрывается спермой и хлопушками, сорняками и пиратством, безумными шиитскими ересями и пузырящимися фонтанами рая, сложными ритмами, пульсацией жизни — и все это бесформенно и изысканно. [...] Мы не собираемся навязывать вам очередное новомодное предписание, как стать совершенно здоровым (совершенно здоровы только мертвые): нас интересует жизнь, а не образ жизни.[343]

В 1990-е годы анархистские убеждения Летова уступают место коммунистическим и националистическим взглядам[344]:

> Раньше я называл свой идеал «анархией», сейчас думаю, что его лучше всего назвать «коммунизмом». [...] Я готов сотрудничать со всеми радикально красно-коричневыми партиями и движениями, активными и бескомпромиссными.[345]

В 1994 году Летов поддержал «Русский прорыв» — рок-движение, организованное при участии Национал-большевистской партии. Следует, однако, отметить, что правые взгляды Летова, как и нарастающая «политизация» творчества «Гражданской обороны», были специфическим ответом на "«конвертацию» панка в стиль» в середине 1990-х годов[346], когда панк постепенно начал превращаться в хорошо продаваемый товар. Таким образом, правая идеология не была в творчестве Летова самодостаточной, она фигурировала в качестве одного из средств противостояния капиталистическому сценарию развития панковской культуры в России. Кроме этого национализм Летова постоянно смещался в сторону интернационализма и космополитизма и, по сути, вбирал в себя все человечество. Имеет принципиальное значение то обстоятельство, что Летов именовал себя не просто националистом, но «советским националистом»:

---

[343] Хаким-Бей (2002, с. 81, 97). Анархисты, принимая сторону жизни, все же допускают оправдание самоубийства, например, в случаях тюремного заключения или вынесенного государством смертного приговора. Известны слова безначальца Александра Колосова (Соколова), лишившего себя жизни в сибирской каторге, — «смерть есть сестра свободы» ("death is the sister of liberty", Avrich 1967, p. 64). Подробнее о случаях суицида среди представителей анархистских террористических организаций см. Ibid., p. 64-71.
[344] О критике националистических идей в панк-роке см. NAZI PUNKS FUCK OFF! (2000).
[345] Летов (1997).
[346] Гололобов / Стейнхольт / Пилкингтон (2016, с. 41).

> Родина моя — СССР. Россия — это дело частное, отдельное, такое же, как Германия, Франция, Китай и прочие отдельные государства. СССР — это первый и великий шаг вдаль, вперед, в новое время, в новые горизонты. СССР — это не государство, это идея, рука, протянутая для рукопожатия, и слава и величие России в том, что она впервые в истории человечества взяла на себя горькую и праведную миссию прорыва сквозь тысячелетнее прозябание и мракобесие, одиночество человека к великому единению — к человечеству.[347]

Трудности, которые возникают при попытке разместить мировоззрение Летова в пространстве политического, на наш взгляд, связаны с тем, что его бунт направлен не против конкретных социальных и политических форм власти, а против власти как неотменяемой *метафизической тотальности*, пронизывающей все структуры жизни. В этом смысле образ анархизма, который выстраивается в творчестве Летова, является масштабнее и радикальнее любых социально-политических проектов, в том числе и анархистских, а также коммунистических и националистических идеологий. Сообщество, согласно Летову, изначально скомпрометировано властью и функционирует как репрессивная структура. В интервью он неоднократно подчеркивает эту мысль:

> «Политика» в моих песнях («Все Идет По Плану» и пр.) — это вовсе не «политика» [...], во всяком случае, — не совсем «политика» в полном смысле слова. То, что сейчас говорю о бунте как о единственном Пути — это, в разной степени осознанности, было во мне всегда, насколько я помню, — с самого глубокого детства. Для меня все мною используемые тоталитарные «категории» и «реалии» есть образы, символы вечного «метафизического» тоталитаризма, заложенного в самой сути любой группировки, любого сообщества, а также — в самом миропорядке. Вот в этом чарующе-нечестивом смысле — я всегда буду против![348]

Власть представляет собой неотменяемую тотальность, и бунт Летова перенимает соответствующие характеристики. Тотальности власти Летов противопоставляет абсолютную свободу, для манифестации которой служит категория смерти. Поскольку в буквальном смысле никто за человека не может умереть, именно в смерти находит свое предельное выражение семантика отдельности и обособленности. Отдельность смерти отделяет не просто от другого индивида, но обозначает разрыв в воспроизводстве человеческой природы (сущности), повторяющегося бинар-

---

347 Летов (1997).
348 Там же. Или в другом интервью: «Я не могу сказать, что я какой-то политический музыкант. Мне всегда было, по большому счету, на все насрать глубоко, на все эти политические реалии, на все, что творится. Просто они олицетворяли собой определенный, как бы это сказать, тоталитаризм — причем не человеческий, а вообще, жизненный. Потому что то, что из себя представляет жизнь, — это, собственно говоря, самое страшное и есть» (Семеляк 2004, с. 40).

ного схематизма человеческого. Творчество Летова, таким образом, реализует неантропологическую идею[349] и заставляет вспомнить, например, о буддизме[350] или ницшеанстве.

Категория смерти обращена ко всей реальности сразу, и в этом смысле она граничит с «тотальностью», которая является одной из центральных категорий для описания структуры поэтического субъекта в творчестве Летова. Кирилл Корчагин рассматривает «тотальность» в русле социальной и литературоведческой теории Георга Лукача и описывает с помощью этой категории механику взаимодействия различных типов дискурса в концептуализме. В «Теории романа» Лукач трактовал «тотальность» как завершенную в себе целостность, конституирующую любую раздробленность мира, для которой эта целостность должна быть целью и способом познания. Творчество Летова[351], и его последователей, например Виктора Iванiва, является, согласно Корчагину, примером постконцептуалистской работы с тотальностью:

> Если в историческом концептуализме стремление к тотальности часто совмещалось с критикой самой этой тотальности, то у них (у Летова и Iванiва — М.М.) тотальность выступает как недоступная для критики. Задача поэта в этом контексте обратна задаче классического концептуализма — не обнажить за тотальностью разнообразие противоположных друг другу дискурсов, но, напротив, за дискурсивной полифонией обнаружить тотального субъекта, аккумулирующего в себе различные слои реальности и способного в силу этого отвечать за всю реальность сразу.[352]

Жан-Люк Нанси в «Непроизводимом сообществе» (1986) показывает, каким образом «смерть» выступает условием объединения людей. С одной стороны, смерть адресована каждому, но с другой, ее предельный и необратимый характер устанавливает опыт совместности, что в конечном

---

349 «В моем понимании рок, — говорит Летов, — это движение античеловеческое, антигуманистическое, некая форма изживания из себя человека как психологически жизнеспособной системы. Человек это существо, которое наделено логическим сознанием, и в силу этого не может жить здесь и сейчас. Поэтому он погружен в прошлое или в будущее. [...] И если человеческое искусство утверждает жизнь, продление рода и т. п., то рок утверждает самоуничтожение как некий путь к Богу, высшее познание. Отсюда особая школа добродетелей: в частности, ненависть к человеку в себе» (Летов 1997).

350 О том, что буддизм не является антропологической религией, говорил, например, А.М. Пятигорский в своих знаменитых лекциях, посвященных буддийской философии.

351 Прежде всего, концептуалистский проект «Коммунизм», работавший с «чужой речью» и использующий приемы коллажа.

352 Корчагин (2018b, с. 209).

счете оборачивается доверием между участниками взаимодействия[353]. Для Летова доверие к сообществу невозможно. Сообщество — это и есть самое страшное из всех зол. Смерть как ничем не обусловленная трата, не имеющая героической причинности, понимается им не как возвращение к некоторой «органичной» культуре в античном смысле, а как неравновесное целое, как порядок, стремящийся растратить собственный избыток свободы — и в этом растрачивании его манифестирующий.

Анархизм принимает логику тотальности и разворачивает свой дискурс в горизонте абсолютной свободы индивида[354], но одновременно провозглашает необходимость совмещения этой свободы с сообществом. Ключевой вопрос в этом плане формулирует анархист Алексей Боровой: «Каким образом можно осуществить абсолютную свободу индивида, не прекращая общественной жизни?»[355] Ответ на этот вопрос пытались получить самые разные анархистские теоретики (У. Годвин, П.-Ж. Прудон, М.А. Бакунин, П.А. Кропоткин и др.), предлагая собственные рецепты согласования несовместимых друг с другом человеческой свободы и социальной необходимости[356]. Анархистская теория, таким образом, настаивает на накоплении социального порядка. Для нее является характерной мысль о том, что анархистское общество представляет собой не хаос, но особым образом организованный порядок, — «порядок без господства»[357]. По мнению Егора Летова, анархия имеет совершенно другую природу — она принципиально асоциальна.

> Анархия — это такое мироустройство, — говорит он, — которое лишь на одного. Двое — это уже слишком, безобразно много. Анархия — лишь на одного. И судя по всему... все кругом испокон печально доказывают то, что и на одного-то — это уже слишком жирно.[358]

Примечательно, что несколько альбомов «Гражданской обороны» (например, «Все идет по плану», 1988) Летов записал в одиночку, играя поочередно на всех инструментах, а затем накладывая записанные части друг на друга.

---

[353] Как объясняет Ж.-Л. Нанси, «смерть неотделима от сообщества, ибо лишь в сообществе раскрывается смерть и смерть открывается через сообщество» (Нанси 2011, с 42). Смерть здесь понимается как «мотив откровения бытия-вместе» («или со-бытия в смерти») (Там же). См. также: Гулин (2016).

[354] См. подробнее в главе I.

[355] Боровой (1906, с. 71).

[356] Краткий обзор основных способов решения этого вопроса в анархизме представлен в исследовании: Davis (2019).

[357] Дамье (эл. ресурс b).

[358] Летов (1997).

Творчество Летова, таким образом, оказывается или *недостаточно анархистским*, непоследовательно уклоняющимся в сторону националистических взглядов, или наоборот, — *слишком анархическим*, — принимающим форму тотального протеста. Эти крайности обозначают жесткое структурное ядро классической анархистской теории, и расшатывающие его тексты Летова проявляют себя в перспективе постанархистской критики.

С позиций постанархистской концепции Сола Ньюмена, существующая в классическом анархизме вера в возможность безвластного общества основана на манихейской логике однозначного и сущностного (эссенциалистского) разделения между субъектом и властью. В классическом анархизме субъект определяется позитивно как чистое пространство сопротивления, как незанятое властью место. В свою очередь, власть как феномен, имеющий однозначные субстанциональные и пространственные характеристики, воспринимается негативно. Позитивное и негативное соответствуют оппозиции «естественное / искусственное». Положительная интерпретация субъекта производится на основании соответствия его природы порядку естественных законов, которые считаются положительными априори. Сол Ньюмен пишет, что эти законы являются рациональными и этическими, в то время как «государство принадлежит "искусственному" миру власти» ("the state belongs to the «artificial» world of power"[359]), искажающему естественный порядок вещей и создающему условия для принуждения и рабства.

Например, многие анархисты разделяют идею, согласно которой человек имеет естественную природную склонность к взаимопомощи и кооперации, и возникающие в естественном человеческом взаимодействии сообщества не нуждаются во внешнем управлении со стороны структур государства. Эту мысль одним из первых высказал Петр Кропоткин в работе «Взаимопомощь как фактор эволюции» (1902). Если Чарлз Дарвин и его последователи главным принципом развития природы и человеческого общества считали борьбу за существование, то в системе Кропоткина таким принципом является «взаимопомощь».

> Всякий раз, — пишет Кропоткин, — когда человечеству приходилось выработать новую социальную организацию, приспособленную к новому фазису его развития, созидательный гений человека всегда черпал вдохновение и элементы для нового выступления на пути прогресса все из той же самой, вечно живой склонности ко взаимной помощи. Все новые экономические и социальные учреждения, поскольку они являлись созданием народных масс, все новые этические системы и новые религии, — все они происходят из того же самого источника.[360]

---

[359] Newman (2001, p. 5).
[360] Кропоткин (2007, с. 174).

Недостаток классического анархизма состоит в том, что он не замечает лежащую в основе его манихейской логики созависимость структурных компонентов. Отрицаемое анархистами государство и чистая незагрязненная властью «революционная идентичность» являются друг для друга необходимыми конституирующими элементами[361]. Иными словами, постанархизм ставит под вопрос возможность существования безвластного субъекта и безвластного сообщества. Как отмечает Ньюмен, чем сильнее классический анархизм стремился к исключению власти из собственных оснований, тем оказывался сильнее с ней связан — власть возвращалась «в самих структурах исключения» ("power «returns» precisely in the structures of exclusion themselves")[362].

Постанархистская критика чувствительна к различению понятий «власть» (*power*) и «господство» (*domination*). Например, Сол Ньюмен, отталкиваясь от взглядов Фридриха Ницше и Мишеля Фуко, отказывается от субстанциональной концепции власти в пользу процессуальной.

> Power is not a commodity that can be possessed, and it cannot be centered in either the institution or the subject. It is merely a relationship of forces, forces that flow between different actors and throughout our everyday actions.[363]
>
> Власть не является вещью, которой можно обладать, и она не может быть сосредоточена ни в учреждениях, ни в субъекте. Это всего лишь соотношение сил, которые циркулируют между различными акторами на всех уровнях нашей повседневной деятельности.

Господство возникает в ситуации прерывания свободного властного обмена. Постанархизм предлагает тем самым пересмотреть вопрос о власти и государстве — не государство является источником власти, а скорее наоборот.

> The State is merely an effect of power relations that have crystallized into relations of domination.[364]

---

361   См. Newman (2001, p. 48), Поляков (2015, с. 51, 52).
362   Newman (2004). И действительно, добавим мы к этому, — парадоксальным образом властным является уже сам запрет на существование власти.
363   Ibid.
364   Ibid. О необходимости разграничения понятий «власть» и «господство» в анархистской теории одним из первых заговорил Амедео Бертоло. В статье «Власть, авторитет, господство: предложения к определению» (1983) он трактует власть (*power*) как социально «нейтральную» функцию социального регулирования, связанную с «производством и применением норм и санкций» (Бертоло 2018, с. 29). В свою очередь, «господство» (*domination*) он понимает как «взаимные отношения между неравными людьми — неравными с точки зрения власти, а потому и свободы»; господство «определяет ситуацию субординации, систему постоянной асимметрии между социальными группами» (Там же, с. 31).

> Государство представляет собой просто эффект властных отношений, которые выкристаллизовались в отношения господства.

Творчество Егора Летова, таким образом, не вписывается в бинарные схемы мышления классического анархизма, а скорее расшатывает их, удерживаясь на различных полюсах, обращаясь к самым широким — не только политическим — основаниям, предполагающим контекст постанархистской критики. Летову почти не свойственна утопическая мягкость; свобода для него есть акт завоевания — «ее нельзя получить в подарок, и она сама не явится: ее можно лишь смело и отчаянно забрать, захватить, отвоевать»[365]. Сквозная тема смерти также дает понимание силы как жесткости. Само человеческое тело должно стать оружием в его посмертной (радостной) одеревенелости, — как, например, в стихотворении «Танец для мертвых» (2005)[366]. Анархизм Летова выражает широкий протест против утверждающихся в реальности систем «господства», уплотняющих свободу в конвенциональные коммуникативные рамки, делающих ее адекватной и социально предсказуемой, оберегающих от напрасной траты.

---

365 Летов (1997).
366 Лишь через мой весёлый труп
Вечно
И происходят важные дела
Я разжигаю свет
Я заклинаю звук
Я возникаю здесь
Я возникаю здесь
Я ВОЗНИКАЮ ЗДЕСЬ

Танец для мёртвых
Сквозь толстое стекло

Летов (2016, с. 525).

Глава VI. Эстетика взрыва в творчестве группировки «Ленинград» («Кольщик» и другие)[367]

Летом 2019 года на официальном YouTube-видеоканале Сергея Шнурова и группировки «Ленинград» появился музыкальный клип «Кабриолет», в припеве которого несколько раз прозвучало имя Егора Летова и название одной из самых известных его песен («Все идет по плану»).

> Еду и рулю,
> в Питере температура
> близится к нулю,
> ну я — протестная натура!
>
> За рулем кабриолета
> я врубаю Летова.
> и пускай уже не лето,
> это фиолетово![368]
> Все идет по плану!
> Все идет по плану![369]

Сюжетная линия клипа довольно простая: девушка просыпается утром после вечеринки и понимает, что опаздывает на встречу. Она садится за руль автомобиля и едет, переодеваясь на ходу и приводя себя в порядок. Машина выезжает на пешеходную зону, врезается в работающий подъемник, — после чего остается без крыши, чуть не сбивает эксгибициониста на пешеходном переходе, на большой скорости перелетает через недостроенный мост. На дорогу и происходящее вокруг девушка почти никакого внимания не обращает и настойчиво движется к своей цели. В конце клипа становится ясно, что она спешила на собственную церемонию бракосочетания.

В этой видеокомпозиции Сергей Шнуров, в частности, иронизирует над протестностью летовского имени, которое хотя и получило в последние годы широкую популярность в массовой культуре, но от этого не приобрело каких-то дополнительных бунтарских качеств, а скорее наоборот, их лишилось[370]. Банальное выкрикивание широко растиражированного имени Летова и цитат из его песен никакой протестности к высказыва-

---

367 Глава представляет собой переработанную и расширенную версию статьи: Мартынов (2021).
368 «Фиолетово» слышится в песне так же и как «ФИО Летова».
369 Ленинград (эл. ресурс а).
370 Проблема цитирования в летовских песнях обсуждалась также в главе V.

нию не добавляет, и для Шнурова оно является пустым протестным знаком. Появляющаяся в эпизоде с переодеванием девушки фигура молодого человека с фиолетовыми волосами в желтой леопардовой кофте и вообще сама тема «фиолетовости»[371] добавляют ракурс квир-проблематики, но за этим опознается не летовское стремление к тотальному протесту, а фигура стёба.

Нетрудно заметить существенное различие в ценностных системах «Ленинграда» и «Гражданской обороны». Жесткой непоколебимой летовской серьезности Шнуров противопоставляет стёб и желание хорошо подурачиться[372], а тотальной асексуальности ГрОб'а[373] — поэтику «телесного низа»[374].

Стёб является одной из важнейших стратегий анархистского протеста. Хорошо известны так называемые «оранжевые акции» анархистов[375], восходящие в своих идейных истоках к «Оранжевой альтернативе» — польскому протестному художественному объединению, организованному в 1981 году Вальдемаром Фидрихом (Майором). Вместо открытого сопротивления власти «оранжевые» акции высмеивали систему. Как отмечалось в одной анархистской листовке:

> Этот цвет, подобно апельсиновому соку, наполняет нас силой и энергией, заставляет улыбнуться и немного разжать скулы, сведенные в пароксизме серьезности в процессе вековой томительной борьбы против власти и капитала.[376]

---

371 Фиолетовый цвет является одним из распространенных символов борьбы геев и лесбиянок за свои права. См. Фронт освобождения геев (эл. ресурс).

372 В этом отношении клип «Кабриолет» продолжает сатирическую линию виральной «партиципационной поэзии» (Хенрике Шталь), для которой является значимым момент соучастия различных акторов, — художников и реципиентов, на границах онлайн и офлайн сообществ. Подробнее о термине «партиципационная поэзия» см. Шталь (2020).

373 М. Нокс обращает внимание на то, что Егор Летов в своих текстах «абсолютно антиэротичен» (Нокс 1998).

374 Как сказано на официальном сайте группы, «ООО "Ленинград" держится на трех принципах — остроумие, одурение, обществознание» (Ленинград эл. ресурс b).

375 «Первой оранжевой акцией ИРЕАН (Инициативы революционных анархистов — М.М.), — вспоминает Вадим Дамье, — была акция 1 апреля 1991 года, когда [...] было резкое повышение цен. Мы склеили из картона гроб, окрасили его черной краской и написали: "Советский народ, погибший в борьбе Горбачева и Ельцина". Взяли портрет Ельцина, пририсовали ему нимб из коробочек сигарет, жевательных резинок и пр. И стали приставать к прохожим с просьбой подписать петицию за коронацию и канонизацию Бориса Николаевича Ельцина. Были такие, кто подписывал» (Дамье 2014, с. 122). См. также об «оранжевых акциях» белорусской группы «Чырвоны Жонд», которую составляли в основном анархо-панки. Бученков (2011).

376 Цит. по: Зайцева (2010).

Эстетика взрыва в творчестве группировки «Ленинград»

И. Гололобов, И. Стейнхольт и Х. Пилкингтон рассматривают группировку «Ленинград» в качестве одного из направлений развития российской панковской культуры[377]. Как и многим другим группам, «Ленинграду» также свойственно анархистское начало. Формально оно выражено в официальной эмблеме группировки, являющейся, как мы полагаем, вариацией анархистского символа «А в круге».[378]

Но и здесь не обошлось без стёба. В эмблеме «Ленинграда» основной протестный посыл организован вокруг тематики «телесного низа», характерной для «карнавальной культуры»[379]. Такая интерпретация символа нам кажется вполне возможной. Дело в том, что графический образ «А в круге» не является завершённым, — он изменяется в зависимости от специфики того или иного анархистского направления. В каждом варианте сохраняется и воспроизводится некоторая инвариантная основа, позволяющая в конечном счете распознавать и удерживать различные версии анархизма в пределах общего горизонта анархистской идентичности.

Варианты анархистского символа «А в круге» из книги "A-cerchiata. Storia veridica ed esiti imprevisti di un simbolo", издательство Elèuthera.[380]

---

377 «В нулевые годы группировка активно использовала приемы старшего поколения панков, обращаясь к «карнавалу "Автоматических Удовлетворителей", алкоголическим монологам одинокого мужчины, озвученным ранним Петром Мамоновым, и разудалым рок-частушкам группы "Ноль"» (Гололобов / Стейнхольт / Пилкингтон 2016, с. 56).

378 См. Ленинград (эл. ресурс b).

379 О «карнавальной культуре» см. подробнее: Бахтин (1990).

380 Chinnici / Iconoclasti (2008, p. 36-37).

Варианты «А в круге», отсылающие к различным направлениям анархизма, не делятся на основные и второстепенные, среди них невозможно найти главный вариант, — они все являются копиями[381].

Заметим также, что мировоззренческая позиция «Ленинграда» не ограничивается одним только анархизмом. Протест в творчестве группировки, балансирует на границе массовой культуры, гламура, авангардного эпатажа и анархистского бунта. На примере анализа видеоклипа «Кольщик» попытаемся выяснить, в каких фигурах выражается субверсивная природа («протестная натура») творчества группировки «Ленинград».

По многим формальным признакам песня «Кольщик» может быть отнесена к блатному фольклору. В ней присутствует и характерный для этого жанра уголовный жаргон (*хата, общак, базар, понятия* и др.), и типичная любовная история, повествующая о любви женщины к человеку из преступного мира: *А потом рванул на волю. // Он походу соскочил. // Он мне оставил дочку Олю. // И под ковриком ключи*[382]. И даже само название «Кольщик» отсылает нас к одноимённой песне Михаила Круга, одного из самых известных российских исполнителей шансона. В то же самое время данные формальные моменты используются Сергеем Шнуровым, автором этой песни[383], как приемы стилизации, и в песне мы сталкиваемся с явной иронией ко всему песенному «блатняку».

Является показательным, что премьера клипа «Кольщик» состоялась 14 февраля 2017 года, то есть в День всех влюбленных. Обнародование в значимые или в празднично-событийные даты вообще характерно для клипов «Ленинграда», на что уже обращали внимание исследователи[384]. Клип «Кольщик» демонстрирует такой визуальный ряд, который однозначно сообщает песне о «несчастной любви» характер стёба. Ироничное отношение к подобного рода любовным историям выражено и в самом тексте (*Кольщик, наколи мне брови // В память о большой любви*), но визуальный ряд усиливает иронию. Дело в том, что никакой очевидной любовной истории в клипе (в отличие от песни) мы не находим, а весь сюжет, по сути, разворачивается внутри концептуальной рамки, которую создатели клипа определили формулой «пиздец в цирке»[385].

---

381   Подробнее см.: Мартынов (2017с).
382   Ленинград (эл. ресурс с).
383   Режиссером клипа является Илья Найшуллер, производство *Fancy Shot agency* и *Versus Pictures*.
384   «Сама дата обнародования клипов группы "Ленинград" тоже может быть программным жестом, не всегда понятным неискушенному зрителю» (Россомахин 2017, с. 196).
385   Бойкова (эл. ресурс).

История, которая рассказывается в клипе, выстроена в обратном хронологическом порядке. Начало соответствует финальной сцене — показана толпа людей, с ужасом выбегающих из охваченного пламенем цирка. Далее действие движется задом наперед, раскрывая череду событий, которые привели к этой финальной катастрофе. Композиция имеет циклический характер, который идейно соответствует приему «обратного монтажа». Последний заставляет постоянно удерживать во внимании начало и конец повествования, то есть заставляет совершать движение по кругу, перемещаясь одновременно сразу в двух направлениях, которые соединяются в итоге в одной финальной точке. Клип начинается и заканчивается показом девочки, действия которой случайным образом и стали причиной циркового апокалипсиса, — выпущенный ею *мыльный пузырь* попал в глаз воздушной гимнастке, что привело к ее падению, гибели и запустило ряд других фатальных событий. Циклический характер композиции подчеркнут также и повторяющейся в клипе геометрией круга, которую имеет, например, цирковая арена, две полусферы под куполом цирка, мыльный пузырь и др.

Одной из центральных тем этого творения Сергея Шнурова, созданного в содружестве с режиссером Ильей Найшуллером, является тема вселенского ужаса, некоторой онтологической поломки, которая делает невозможным воспроизводство прежних экзистенциальных ориентиров. Неслучайно действие происходит в Цирке, который, как об этом подробно пишет О. Буренина-Петрова, воплощает в себе мифологическую модель Космоса. В пространстве Цирка находит себе место воспроизводство важнейших мифологических смыслов[386]. При этом речь идет не о банальном ужасе/страхе-тления, который связан с чем-то предметным, и который, будучи так связан, может наскучить[387], а об изначальном ужасе

---

386 «Цирковой ипподром — это символическое изображение космического центра, т.е. места творения, в котором также зарождаются механизмы саморегуляции и самосохранения жизни. [...] Номера, развертывающие цирковую программу, воспроизводят космогоническую схему творения. Установление космического пространства, например, в виде отделения неба от земли репрезентируется выступлением воздушных акробатов и гимнастов, а также эквилибристов, работающих над манежем. [...] Космогонический акт установления космической опоры развертывается в эквилибристских номерах с першами и лестницами» (Буренина-Петрова 2014, с. 50, 54-55).

387 См., например, оценку песни/клипа «Кольщик» Андреем Бухариным, обозревателем журнала «Rolling Stone»: «Все это, мне кажется, крайней степенью какого-то распада и тления, которое это демонстрирует. Это все-таки не ушедшие нулевые годы, не умершие и не похороненные в этой популярности и шумихе вокруг этих произведений Шнурова. Мне кажется, смотреть это просто уже невозможно. Уже, кажется, даже на радио "Шансон" такого не крутят» («Крайняя степень распада» 2017).

перед трансцендентным, о котором писал, например, Рудольф Отто в работе «Священное»[388]. Такой ужас/страх по определению наскучить не может, поскольку не имеет эпатирующего характера, — он встроен в повседневный опыт восприятия мира и является его неустранимой частью. Важно отметить, что ужас перед трансцендентным, в понимании Р. Отто, не только устрашает, но является и притягательным, — некоторым «сладким ужасом», если воспользоваться термином Вальтера Беньямина[389].

Для российского общества сегодня является актуальным встроенный в повседневность коллективный страх возвращения в Советский Союз, страх Советского Союза или возвращения свойственных ему идеологии, стиля мышления, мировоззренческих ориентиров, политической ситуации и т. п. Окончательного расставания с советским прошлым так и не произошло, и оно постоянно напоминает о себе в той или иной форме.

Само название группировки «Ленинград» так или иначе связано с рефлексией на тему «советского прошлого», и Сергей Шнуров неоднократно в интервью выражал свое к ней отношение[390]. Хотя со времени распада СССР прошло уже более четверти века, это событие по-прежнему одно из самых актуальных как в широком медийном пространстве, так и среди интеллектуалов. Только за последние несколько лет к его осмыслению обращались, например, такие известные историки, культурологи и философы, как А. Юрчак[391], А. Эткинд[392], В. Подорога[393] и др.

На наш взгляд, в клипе реализована своеобразная попытка отразить/зафиксировать основные компоненты страха «советского» при помощи визуальных средств[394]. При этом в данном случае не так важно, является ли такой страх онтологическим ужасом от утраты «советского»

---

[388] Отто (2008).

[389] Этот термин Вальтер Беньямин использовал для характеристики двойственного эмоционального состояния толпы во время празднования Дня взятия Бастилии (Беньямин 2000, с. 276).

[390] «Все-таки мой Советский Союз — это была действительно самая прекрасная страна на земле» (Шавловский 2008).

[391] Юрчак (2014).

[392] Эткинд (2016).

[393] Подорога (2015).

[394] Аллегорически этот страх в той или иной степени был актуализирован уже в песне «Святой Никола»; одноименный клип был опубликован на канале группы «Ленинград» в YouTube в так называемый «черный вторник» (16 декабря 2014 года), когда произошло резкое падение рубля по отношению к доллару США и евро. Песня повторяет модель молитвенного обращения к святому с просьбой о защите, но при этом очевиден иронический настрой Сергея Шнурова. «Святой Никола» должен спасти русский православный Мир от «западных» ценностей: рок-н-ролла, брейкбита, Ницше, Ньютона, Энди Уорхола, фуа-гра, педикюра и

или это страх его возвращения — эти два модуса страха хотя и дифференцированы, но обнаруживают также и способность к странной неразде́льности[395]. Мы попытаемся обозначить основные маркеры, указывающие на этот страх, — хотя бы схематично и приблизительно.

«Мыльный пузырь», или Идея прозрачности. Центральным для понимания замысла клипа, на наш взгляд, является эпизод с мыльным пузырем, который интересен не своей общеизвестной семантикой, связанной с утратой надежд и неоправданием ожиданий, но прежде всего идеей *прозрачности*, которую он в себе воплощает[396]. Идею прозрачности подробно рассматривает, например, Борис Гройс и связывает ее с темой советского прошлого. Позволим себе привести одну довольно обширную цитату, важную для нашей темы:

> В детстве ребенок чувствует себя живущим в непрозрачности. У него ощущение, что он должен достичь какого-то знания. И когда он вырастет и достигнет этого знания, тогда он все поймет, и все станет прозрачно. И он все время стремится к этому знанию, взрослеет и взрослеет, а затем оказывается в мире, которого он совершенно не понимает. И тогда он обращается в прошлое и начинает думать, что детство и было областью прозрачности, когда ему все было ясно, когда он все знал. А теперь все туманно и темно. И прозрачность из будущего переселяется в прошлое, минуя настоящее. Это произошло и с нашей страной. Советская власть воспринималась такой зоной обмана, считалось, что за советской властью, как за фасадом, скрыто нечто невероятное: скрыт Запад, скрыты репрессии, тюрьмы, лагеря, много страшного и потрясающей экзотики, другие миры... Тогда человек казался себе окруженным массой скрытых вещей и стремился к прозрачности. И конечно, когда все это рухнуло, вместо прозрачности возник полный хаос и тотальное непонимание законов мира, где мы оказались. И теперь сама советская власть представляет

др. Любопытно, что в клипе, сообщающем песне страшный антиутопический поворот, этот «русский мир» состоит из деталей, в которых опознается советская повседневность.

[395] Илья Будрайтскис отмечает двойственное отношение к мифу о «красном человеке», — с одной стороны, существует потребность в нем, отражающая «ностальгию российской (или украинской) интеллигенции по утерянной целостной картине реальности», но с другой — этот миф воспринимается как опасный и мешающий развитию «пережиток». Будрайтскис (2017, с. 15).

[396] Идея прозрачности также наблюдается и в эпизоде с насмешливой как бы рентгенографией тел любовников, сотрясаемых под ударами электрического тока от устроенного ими по неосторожности короткого замыкания. Попутно заметим, что в данном случае просвечивающий сквозь человеческое тело скелет соотносится также с мотивом «данс макабр» («пляска смерти»), распространенным в изобразительном искусстве начиная со средневековья.

собой новое ностальгическое пространство прозрачности, когда было ясно, что сколько стоит, все отношения были прозрачными, вся система знаков.[397]

Здесь важно, что в контексте объяснений Бориса Гройса обратное движение камеры, то есть движение к началу — к моменту до того, как мыльный пузырь лопнул, можно интерпретировать как движение к восстановлению (советской) прозрачности. Это напоминает такую необычную ностальгию по советскому, но ностальгию, в которой не принято признаваться, для которой не назначен ответственный аттрактор, и которая расплывается в общественном пространстве, напоминая скорее облако неартикулируемых страхов, чем надежд.

Наколи мне брови. Можно предположить, что в данном случае имеет место контаминация одновременно и темы «брежневских бровей», и темы воровской наколки. В массовом сознании генеральный секретарь ЦК КПСС Леонид Ильич Брежнев запомнился своими густыми бровями и не очень внятной речью. Тему бровей можно интерпретировать как своеобразный стигматизм «советского» — вернее его предвкушение. Брови, если они действительно были бы наколоты в клипе и показаны в обратной хронологии, произвели бы впечатление брежневских «бровей-стигматов», вдруг проявившихся и постепенно исчезающих. Правда, «брови» в видеоклипе так и не были показаны.

Ассоциативную связь с «бровями» Брежнева в контексте развернутого в клипе циркового представления усиливает ключевая роль генерального секретаря, которую он сыграл в строительстве Большого московского государственного цирка, а также то обстоятельство, что Леонид Ильич был частым гостем на цирковых представлениях[398].

Противостояние с Америкой. Конфронтация между Советским Союзом и США начала нарастать с конца 1940-х годов и достигла своего апогея к началу 1960-х, когда мир оказался на грани ядерной войны. Страх перед возможной ядерной катастрофой был настолько силен, что проникал даже в философские тексты. Например, текст философа А.Н. Чанышева «Трактат о небытии» был реакцией на Карибский кризис, произошедший в 1962 году[399].

---

397 Гройс / Пепперштейн (эл. ресурс).
398 Подробнее см.: Вовк (эл. ресурс).
399 Порус (2015).

В клипе можно наблюдать несколько взрывов — гранаты, газового баллона, мыльного пузыря, тела конферансье, откупоренного шампанского, а также огненный «взрыв» бутафорского вулкана, через который прыгает цирковой артист в костюме гигантской обезьяны.

При внимательном просмотре можно заметить на стене комнаты, где ведутся переговоры, две картины, одна из которых перевернута. Любопытно, что это не отдельные самостоятельные произведения, а фрагменты работы Эрнста Людвига Кирхнера «Цирк» (1913).[400] Ее представление в виде отдельных кусков[401] также производит впечатление взрыва циркового пространства, который случился в другом измерении и по другому поводу, но оставил след в виде этой разорванности и фрагментарности. Ощущение разорванности усиливает изломанность изображенных объектов на самой картине Кирхнера, что соответствует общему пафосу экспрессионистского надрыва реальности.

Образ взрыва может быть связан и с семантикой самого слова «кольщик», который как бы прокалывает (и врезается высокими нотами в слух) — лопает мыльный пузырь. Этот сюжет отсылает нас к распространенному в авангардистском искусстве XX века образу треугольника-клина, врезающегося в круг, что манифестирует идею революционного взрыва, идею разрыва между старым миром и новым[402]. Нечто похожее на «красные клинья», нацеленные к белому кругу цирковой арены, можно заметить и на перевернутой картине Кирхнера в клипе[403].

На экране появляется также «красная кнопка», ассоциирующаяся в массовом сознании с угрозой развязывания ядерной войны: кнопку беспорядочно нажимает один из любовников в безумном состоянии охватившей его страсти. Авторы клипа дают этой ситуации ироничную оценку, помещая надпись-слоган «хуевый вариант»[404] на упаковку презерватива, которую держит в руках девушка перед любовным актом.

---

400 Kirchner (1913).
401 См. Ленинград (эл. ресурс с).
402 Одним из первых образ революционной клинокруглости использовал Эль Лисицкий в своем плакате «Клином красным бей белых» (1920); этот плакат позднее стал репрезентантом и Русской революции, и русского авангарда. Подробнее см. Козлов (2014). В определенном смысле клинокруглая символика связана также с семантикой анархистского символа «А в круге» — см. об этом Мартынов (2017с).
403 Любопытно, что смотровое окно в комнате, расположенное справа от картины, тоже выглядит как картина, и как бы отзеркаливает происходящее на полотне Кирхнера — то ли в арену цирка, то ли в обратном направлении.
404 Заметить эту надпись возможно только при замедленном просмотре, что указывает на продуманность композиции и неслучайность деталей.

«Американская тема» воплощается в клипе также, например, в следующих аллюзиях: в напоминающих американский флаг рисунках — на костюме клоуна и воздушном шаре в руках девочки в зрительном зале; в американских долларах, за которые чиновник собирается «Родину продать», а также в общей стилистике клипа, построенного по модели американского блокбастера.

Отрубленная голова. Отрубленная голова в начале клипа отсылает к одной из самых известных отрубленных советских голов — к прыгающей «по булыжникам Бронной» отрубленной голове Берлиоза из «Мастера и Маргариты» М.А. Булгакова, контаминирующей с оторванной головой конферансье Бенгальского на спектакле Воланда в театре Варьете в том же произведении[405]. Роман Булгакова в Советском Союзе, особенно в 1970-е годы, был культовым[406], и многие его персонажи, произнесенные этими персонажами фразы и совершенные действия, давно уже стали прецедентными, — то есть они воспроизводятся в массовом сознании без обязательного указания на текст-источник. Центральным мотивом «отрезанной головы Берлиоза», согласно анализу Б.М. Гаспарова, является «тема казни»[407]. В клипе группировки «Ленинград» катящаяся и подпрыгивающая голова воплощает в себе танцующий ужас, — она как бы выкатывается из нашего подсознания, а вместе с ней выкатывается и советское прошлое. В данном случае ужас связан с невозможностью повлиять на Мир — казнь в клипе состоялась, но не в результате решения справедливого суда, а в силу ряда случайностей, некоторого злого рока. Это недоумевающий ужас от непроницаемого в своей герметичной иррациональности мира, который способен отбирать самые дорогие вещи без какой-либо внятной логики.

Кинг-Конг жив. Сцена с надвигающейся на зрителей из-под купола цирка горящей обезьяной заставляет вспомнить популярный в Советском Союзе американский фильм «Кинг-Конг жив» (1986). Эта кинолента стала одной из самых посещаемых в советском кинопрокате за всю его историю[408], и это на фоне абсолютного провала фильма у зрительской аудитории в США. По мнению Сьюзен Сонтаг, научно-фантастические

---

405 Другая напрашивающаяся параллель — роман Александра Беляева «Голова профессора Доуэля» (1925) — выражена здесь менее отчетливо.
406 См. подробнее: Руднев (2001, с. 229).
407 Гаспаров (1993, с. 42).
408 Зрительская аудитория фильма «Кинг-Конг жив» в кинопрокате СССР составила 53,6 млн человек. См. Список лидеров советского кинопроката (эл. ресурс). Подсчет сделан по изданию: Кудрявцев (1995).

фильмы, подобные «Кинг-Конгу», то есть в которых конструируются образы невероятных городских разрушений, связаны с массовой травмой, вызванной

> ядерным оружием и возможностью ядерных войн в будущем. Большинство научно-фантастических фильмов несут свидетельство об этой травме и так или иначе пытаются ее изжить.[409]

В данном случае мы опять возвращаемся к упомянутой теме страха ядерной войны и противостояния Советского Союза и США. Но если в фильме «Кинг-Конг жив» режиссер Джон Гиллермин смягчает линию необратимых разрушений и очеловечивает монстра, показывая трогательную историю его любви, то в клипе наоборот изображается животная страсть, внезапно охватившая двух любовников. Можно предположить, что за этой сценой стоит серия страхов, связанных с животной природой человека, обнаруживающей противоречие с природой искусственно сконструированного «советского человека», у которого, согласно известному высказыванию, в «Советском Союзе секса не было».

Не-место Родины. Для многих клипов группировки «Ленинград» характерна нечеткая топография. На эту особенность недавно обратил внимание Андрей Россомахин в статье, посвященной анализу клипа «В Питере — пить!» В частности, исследователь отметил, что герои в том клипе

> перемещаются в намеренно условном пространстве (что неочевидно большинству непетербуржцев): в Соляном переулке нет ни банка «Комфортный», ни магазина «24 часа», как может подумать простодушный зритель; глядя из окна Мухинского училища, невозможно увидеть Манеж и Конногвардейский бульвар; выйдя из района Соляного городка, нельзя мгновенно оказаться в Коломне и т. д.[410]

Пространство, в котором разворачивается действие клипа «Кольщик», также довольно-таки условно (при том, что съемка клипа проходила в Тверском государственном цирке). Это можно было бы интерпретировать как несуществующее место бывшей советской Родины, если бы не появившийся в одном из кадров номерной знак полицейской машины, имеющий московский код региона — А 1234 77 RUS. Но образ Москвы, традиционно определяющий на уровне обыденного сознания важнейшие (мифологические) ценностно-смысловые ориентиры[411], в данном случае не структурирует цирковое пространство, а наоборот, разрушает его. Машина становится причиной фатальных неустранимых поломок, —

---

409 Сонтаг (2014, с. 232).
410 Россомахин (2017, с. 196).
411 См. об этом подробнее, например, в работе: Березович (2002).

она врезается сначала в стену здания, а затем в цирковую сцену. Машина-Москва из места, в котором концентрируется покой и защита (в мифологическом смысле), превращается в страшного непредсказуемого всеразрушающего монстра[412].

В завершении отметим, что «советское» в клипе не называется прямо, вместо имен в нем конструируется несколько направленных к нашей памяти взрывов «советского». В этом смысле Сергей Шнуров действует как «поэтический террорист». Этот термин придумал анархист Хаким-Бей, который утверждал, что «поэтический террорист» изменяет чужую жизнь через ситуацию шока:

> Реакция публики или эстетический шок, произведенный ПТ, должен быть по меньшей мере таким же сильным, как чувство ужаса, — мощное отвращение, сексуальное возбуждение, суеверная боязнь, внезапный интуитивный прорыв, дадаистический angst; неважно, направлен ли ПТ на одного или на многих, неважно, анонимен он или имеет «подпись», — но если он не изменил ничьей жизни (кроме самого художника) — это провал.[413]

Ужас, страх, отвращение не являются в творчестве *группировки* «Ленинград» только эстетическими и антропологическими феноменами, субверсивными в своей основе, они также выполняют функцию эпистемологических инструментов, помогающих обнаруживать чувствительные табуированные точки социальной памяти.

---

412   Ср. также с прецедентным высказыванием «В Москву ехать надо, в Москве вся сила» из широко известного фильма Алексея Балабанова «Брат» (1997).
413   Хаким-Бей (2002, с. 41). См. также о «поэтическом терроризме» в главе III.

Заключение

В этой книге мы попытались рассмотреть вопрос об анархистских основаниях поэтического творчества. Наша основная задача состояла в том, чтобы на материале преимущественно русскоязычной поэзии выяснить, можно ли измерить «свободное дыхание» поэта сеткой анархистских мировоззренческих установок. Несмотря на то что сближение поэтического и анархистского действительно имело место в рассмотренных примерах, в нашем анализе мы также столкнулись с невозможностью однозначно утвердить принципы анархии в качестве универсальных принципов поэзии. Геннадий Айги любил повторять фразу Алексея Крученых о том, что «море волнуется не *метрично, а ритмично*»[414], подчеркивая тем самым необязательность предустановленных поэтических техник и невычисляемость/неисчисляемость ритма[415], рождающегося в широком потоке жизненного опыта. С одной стороны, в анархизме действительно можно найти удобную систему представлений, соответствующую событийности стихотворного ряда, но с другой стороны, эта система задает параметры свободы, выступая в роли «господствующих возможностей»[416]. Поэтическое восприятие мира может иметь размерность анархистского стиля мышления, но это не означает, что анархизм можно объявить программой, благодаря которой вырабатывается в широком смысле свобода поэтического. Так, например, соответствующее горизонталистским и фрагментарным практикам анархистов убеждение, что поэзия не начинается с темы и *проговаривается* в широкой антропологии обстоятельств, не позволяет закрепить за стихотворным текстом некоторую подлинную (анархистскую) систему идей и ценностей — в частных практиках чтения любая предписанная идеологическая система неизбежно смещается. Или сопоставимая с анархистской префигуративностью нелинейность и сложность произведения не исключает власти, и скорее наоборот, может быть ее условием в стремящихся к новизне («креативности») практиках поэтического экспериментирования — с каждым новым опытом все более усложненных. Подобным же образом и связанная с анархистским «прямым действием» (псевдо)безотлагательность поэтического акционизма элиминирует возможность неартикулированного несогласия, — преступления на полях и окраинах, — в «проколах», «прогулах» по Мандельштаму.

---

414 Айги (2001, с. 194).
415 См. об этом подробнее: Мартынов (2016а).
416 «Быть готовым к событию — значит быть в таком состоянии духа, в котором порядок мира, господствующие силы не обладают абсолютным контролем над возможностями» (Бадью 2013, с. 21).

Иными словами, хотя анархистские принципы можно аналитически выявить в качестве оснований поэтических текстов, это вовсе не означает, что из данных принципов можно составить программу гарантированной стихотворной свободы. В этом отношении репрезентативной представляется известная формула Егора Летова «все идет по плану», которая отражает неработоспособность предписанных миру идеологических инструкций.

В анархизме можно наблюдать аналогичную ситуацию. Точно так же как и поэтический текст, анархизм не является исполнением собственной партийности. Мы уже отмечали, ссылаясь на Дэвида Грэбера, что анархизм не возникает как продукт одного только теоретического проектирования. Ценности анархии всегда *уже* присутствуют в социальном взаимодействии, и анархисты не считают себя изобретателями абсолютно новой модели общественной жизни. Предъявление завершенной привилегированной программы по осуществлению анархического идеала так или иначе оборачивается «препятствием для анархии» (Боб Блэк)[417]. Непрекращающуюся конфликтность анархистского сознания можно представить в виде образа необжитого пространства, — случайно открытой местности, с ее принципиальным не-уютом и не-удобством, неприкаянностью и выставленностью к потоку нерасчерченных расстояний и незапланированных встреч. Важно, что такое представление о *местности* конструируется и в поэтическом тексте, в котором повторение одних и тех же мест, или даже перемещение в одном и том же пространстве, не ведет, или не должно вести, к его исчислению и последующему картографированию. В этом смысле встреча поэзии и анархии ставит вопрос об ориентирах свободы, но это такая постановка, которая неизбежно сопровождается радостным непрагматическим отбрасыванием любых направлений.

---

[417] Блэк (2004).

Библиография

Азарова, Н. (2010): Язык философии и язык поэзии — движение навстречу (грамматика, лексика, текст). М.

Азарова, Н. (2014): Об адресате, дискурсивных границах и субкоманданте Маркосе // Транслит. 14, 2014. 64-68.

Азарова, Н. / Корчагин, К. / Кузьмин, Д. / Плунгян, В. и др. (2016): Поэзия: Учебник. М.

Азарова, Н. (2019a): Системные изменения в стратегиях новизны в языке поэзии // Труды Института русского языка им. В.В. Виноградова. Вып. 19. Материалы международной научной конференции «Вторые Григорьевские чтения: Неология как проблема лингвистической поэтики». М. 11-19.

Азарова, Н. (2019b): Новизна без креативности // Воздух. Журнал поэзии. 39, 2019. 307-313.

Айги, Г. (2001): Разговор на расстоянии: статьи, эссе, беседы, стихи. СПб.

Аксенов, В. (2013): Философия квадрата, или К вопросу о семиотике формата в изобразительном искусстве // Фотожурнал. http://photo-element.ru/analysis/aks/aks.html (13/01/2021).

Акульшин, А. / Артамонова, М. / Лермонтов, А. / Лермонтова, Д. / Лермонтова, Ю. / Соколова, Е / Черкасов, А. / Черкасова, О. / Юрова, Н. (эл. ресурс): Moscow blackout session № 2. Why so serious? https://issuu.com/059400/docs/whysoserious (13/01/2021).

Арсеньев, П. (эл. ресурс a): Лекция-перформанс «Как научиться не писать стихи. Краткий перечень инструкций для начинающих проклятых поэтов». https://www.facebook.com/translit.magazine/posts/2600460929992763 (13/01/2021).

Арсеньев, П. (эл. ресурс b): «Если стихотворение бросить в окно...» (Карта поэтических действий). http://map.trans-lit.info/location/esli-stihotvorenie-brosit-v-okno-pavel-arsenev (13/01/2021).

Арсеньев, П. (эл. ресурс c): День России. https://syg.ma/@paviel-arsieniev/dien-rossii (13/01/2021).

Арсеньев, П. (2017a): Коллапс руки: производственные травмы письма и инструментальная метафора метода // Логос. 6, 2017. 23-58.

Арсеньев, П. (2017b): Poésie objective, или о документальных поэтических объектах // Транслит. 19, 2017. 71-76.

Арсеньев, П. (2018): Жест и инструмент: к антропологии литературной техники // Транслит. 21, 2018. 78-88.

Бадью, А. (2013): Философия и событие. Беседы с кратким введением в философию Алена Бадью / Пер. с французского Дмитрий Кралечкин. М.

Байбурин, А. (1993): Ритуал в традиционной культуре. Структурно-семантический анализ восточнославянских обрядов. СПб.

Бакунин, М. (1919): Избранные сочинения. В 5 т. Т. 2. Кнуто-германская империя и социальная революция. Петербург / М.

Бакунин, М. (1935): Реакция в Германии // Бакунин М.А. Собрание сочинений и писем. 1828–1876 гг. В 4 т. Т. 3. Период первого пребывания за границей. 1840–1849. М. 126-148.

Бакунин, М. (1989): Философия. Социология. Политика. М.

Барт, Р. (1989): Лекция / Пер. с французского Г.К. Косикова // Барт Р. Избранные работы. Семиотика. Поэтика. М. 545-569.

Батай, Ж. (1997): Внутренний опыт. / Пер. с французского С.Л. Фокина. СПб.

Бахтин, М. (1990): Творчество Франсуа Рабле и народная культура средневековья и Ренессанса. М.

Беньямин, В. (1996): Произведение искусства в эпоху его технической воспроизводимости / Пер. с немецкого С.А. Ромашко // Вальтер Беньямин Произведение искусства в эпоху его технической вопроизводимости: Избранные эссе. М. 15-65.

Беньямин, В. (2000): Сладкий ужас / Пер. с немецкого И.М. Берновской // Беньямин В. Озарения. М. 276.

Березович, Е. (2002): Географический макромир и микромир в русской народной языковой традиции // Славяноведение. 6, 2002. 60-71.

Бертоло, А. (2018): Оставим пессимизм до лучших времен. Переосмысляя анархизм / Пер. с итальянского Михаил Цовма, Вадим Дамье, Любовь Гурова, Александра Цовма, Елена Машкова, Ксения Ермошина, Алексей Попов, Ольга Ломова. М.

Блок, А. (2014): Михаил Александрович Бакунин (1814–1876) // Бакунин М.А. Федерализм, социализм и антитеологизм. Сборник статей, посвященный двухсотлетнему юбилею. М. 190-194.

Блэк, Б. (2004): Анархизм и другие препятствия для анархии / Пер. с английского Д. Каледина. М.

Богданов, К. (2010): Из истории клякс. Уроки чистописания в советской школе и медиальная антропология // Антропологический форум. 13, 2010. 217-241. (=https://cyberleninka.ru/article/n/iz-istorii-klyaks-uroki-chistopisaniya-v-sovetskoy-shkole-i-medialnaya-antropologiya) (13/01/2021).

Бойд, Э. / Митчелл, Д. (сост., 2015): Beautiful Trouble: Пособие по креативному активизму. М.

Бойкова, В. (эл. ресурс): В чем смысл нового клипа группы «Ленинград» на песню «Кольщик»? https://thequestion.ru/questions/221567/v-chem-smysl-novogo-klipa-gruppy-leningrad-na-pesnyu-kolshik (13/01/2021).

Боровой, А. (1906): Общественные идеалы современного человечества. Либерализм. Социализм. Анархизм. М.

Боровой, А. (2009): Анархизм / Вступ. ст. П.В. Рябова. М.

Бородин, В. (эл. ресурс): «о чём там тучи говорят...» https://t.me/parisburns/8507 (13/01/2021).

Братья Гордины. (1918): Анархизм и Социализм (Миф про Солнце и Луну) // Революционное творчество. Ежемесячный журнал науки, искусства, социальной жизни и кооперации под углом зрения общего анархизма. 1-2, 1918. 7-17.

Братья Гордины. (2019): Анархия в мечте: Публикации 1917–1919 годов и статья Леонида Геллера «Анархизм, модернизм, авангард, революция. О братьях Гординых». М.

Брик, А. (1998): Ты и политика, или Роль Председателя Земного Шара (поучительная речь) // Утопия. Новый революционный журнал. 1, 1998. 6.

Будрайтскис, И. (2017): Диссиденты среди диссидентов. М.

Булгаков, Б. (эл. ресурс): Я/МЫ — лёд под ногами майора. https://t.me/lirika_project/323 (03/02/2021).

Булгаков, С. (1994): Свет невечерний. Созерцания и умозрения. М. http://www.vehi.net/bulgakov/svet/000.html#p1 (03/02/2021).

Буренина, О. (2006): Философия анархизма в русском художественном авангарде и «замкнутые конструкции» Даниила Хармса // Russian Literature. 60 (3-4), 2006. 293-307.

Буренина-Петрова, О. (2014): Цирк в пространстве культуры. М.

Буренина-Петрова, О. (2016): Анархия и власть в искусстве (Варвара Степанова и Александр Родченко) // Сюжетология и сюжетография. 2, 2016. 120-137.

Бученков, Д. (2011): Анархисты в России в конце XX века. М.

Вайнштейн, О. (1998): Откуда берется пыль? Семиотика чистого и грязного // Мировое древо. 6, 1998. 153-170.

Ван Дейк, Т. (2013): Дискурс и власть: Репрезентация доминирования в языке и коммуникации. / Пер. с английского Е.А. Кожемякина, Е.В. Переверзева, А.М. Аматова. М.

Ванейгем, Р. (2005): Революция повседневной жизни. Трактат об умении жить для молодых поколений / Пер. с французского Э. Саттарова. М.

Васильева, З. (2014): Самодеятельность: В поисках советской модерности // Новое литературное обозрение. 128, 2014. 54-63.

Васильева, М. (эл. ресурс): «А на родине холодно как в аду...». https://t.me/lirika_project/505 (13/01/2021).

Вежбицкая, А. (1996): Обозначения цвета и универсалии зрительного восприятия / Пер. с английского Т.Е. Янко // Вежбицкая, А. Язык. Культура. Познание / Отв. ред. М.А. Кронгауз. М. 231-290.

Вовк, С. (эл. ресурс): Жизнь под куполом. Секреты Большого московского цирка // Информационное агентство ТАСС. http://tass.ru/spec/circus (18/01/2021).

Волошин, М. (1995): Государство // Волошин М. Стихотворения и поэмы. СПб. 337-341.

Воробьевский, Д. (2009): Государство // Винтовка. Издание участников Ассоциации Движения Анархистов. 6, 2009. С. 12.

Воронов, А. / Аль-Батал, Т. (2010): Соблюдение неформальных социальных норм: полевые эксперименты в метро // Барабанщиков В.А. (ред.): Экспериментальная психология в России: традиции и перспективы. М. 781-786. https://psyjournals.ru/files/34845/exp_collection_Voronov_Al-Batal.pdf (03/03/2021).

Вяльцев, А. (Пессимист) (2003): Человек на дороге (записки об автостопе). М. http://ponia1.narod.ru/roadbook.htm (18/01/2021).

Галансков, Ю. (1980): Человеческий манифест // Галансков, Ю. Стихи и проза. Статьи и заявления. Письма из лагеря. Поэт и человек. Frankfurt a.M. / М. 13-16. https://vtoraya-literatura.com/pdf/galanskov_yuri_1980__ocr.pdf (18/01/2021).

Гаспаров, Б. (1993): Из наблюдений над мотивной структурой романа М.А. Булгакова «Мастер и Маргарита» // Гаспаров, Б. Литературные лейтмотивы. Очерки по русской литературе XX века. М. 28-82.

Гаспаров, Б. (2013): Борис Пастернак. По ту сторону поэтики. М.

Генри, Э. (1981): Против терроризма. М.

Гилен, П. (2015): Бормотание художественного множества. Глобальное искусство, политика и постфордизм. М.

Гололобов, И. / Стейнхольт, И. / Пилкингтон, Х. (2016): Панк в России: краткая история эволюции // Логос. 26 (4), 2016. 27-61.

Голынко-Вольфсон, Д. (2012): Прикладная социальная поэзия: изобретение политического субъекта // Транслит. 10-11, 2012. 180-182.

Гольдман, Э. (2015): Проживая свою жизнь. Том 1. / Пер. с английского Л. Тимаровой. М. https://issuu.com/rtpbooks/docs/goldman_p1 (18/01/2021).

Гройс, Б. / Пепперштейн, П. (эл. ресурс): Диалог о прозрачности. https://plucer.livejournal.com/72792.html (03/03/2021).

Гройсман, С. / Абанин, А. (2016): «Тихий пикет»: как пассажиры метро реагируют на плакаты против домашнего насилия и притеснения ЛГБТ // Телеканал Дождь. 24 мая 2016. https://tvrain.ru/teleshow/notes/tihij_piket_kak_passazhiry_metro_reagirujut-409641 (18/01/2021).

Группа анархистов (1999): К трудящимся Петербурга // Кривенький, В. (сост.) Анархисты. Документы и материалы. 1883–1935 гг. В 2 т. Т. 2. 1917–1935 гг. М. 377-379.

Грэбер, Д. (2014): Фрагменты анархистской антропологии / Пер. с английского А. Трутанова, А. Акулова, Я. Жогана, Л. Тимаровой. М.

Гулин, И. (2016): Сообщества по ту сторону текста // Новое литературное обозрение. 3, 2016. 255-265. https://magazines.gorky.media/nlo/2016/3/soobshhestva-po-tustoronu-teksta.html (03/03/2021).

Дамье, В. (эл. ресурс a): Анархизм. https://postnauka.ru/faq/59987 (18/01/2021).

Дамье, В. (эл. ресурс b): Что такое анархия? https://www.youtube.com/watch?v=26jjrcr7sQ (18/01/2021).

Дамье, В. (2010): История анархо-синдикализма. Краткий очерк. М.

Дамье, В. (2014): История Конфедерации революционных анархо-синдикалистов // Корнилов, С. / Корнилова, А. / Рябов, П. / Сидоров, И. / Цовма, М. (ред.): Прямухинские чтения 2013 года. М. 118-128.

Дарнтон, Р. (2016): Поэзия и полиция. Сеть коммуникаций в Париже XVIII века / Пер. с английского М. Солнцевой. М.

Деланда, М. (2018): Новая философия общества: Теория ассамбляжей и социальная сложность / Пер. с английского К. Майоровой. Пермь.

Джа, И. (2012): Теория гражданской войны 1 // Черное и красное (Международный союз анархистов). 1 (октябрь), 2012. 23.

Джеймисон, Ф. (2014): Марксизм и интерпретация культуры / Пер. с английского О.В. Аронсона и др. М. / Екатеринбург.

ДИАНА (эл. ресурс): Движение Иркутских анархистов. https://vk.com/diana_38 (18/01/2021).

Доброхотов, А. (2008): Белый царь, или Метафизика власти в русской мысли // Доброхотов А.Л. Избранное. М. 113-165.

Долар, М. (2018): Голос и ничего больше / Пер. с английского А. Красовец. СПб.

Дрэли куда попало (эл. ресурс): Страница группировки «Дрэли куда попало» в ВКонтакте. https://vk.com/drelikudapopalo (18/01/2021).

Дуглас, М. (2000): Чистота и опасность. Анализ представлений об осквернении и табу / Пер. с английского Р. Громовой, под ред. С. Баньковской. М.

Дутли, Р. (1993): 1. Еще раз о Франсуа Вийоне. 2. Хлеб, икра и божественный лед: о значении еды и питья в творчестве Мандельштама // Лекманов, О. / Нерлер, П. (сост.): «Сохрани мою речь...». Т. 4. № 2. М. 77-85.

Евграшкина, Е. (2019): Семиотическая природа смысловой неопределенности в современном поэтическом дискурсе. На материале немецкоязычной и русскоязычной поэзии. Berlin.

«ередовое удожество» (эл. ресурс): Страница кооператива художников-партизан «ередовое удожество» в социальной сети Фейсбук. https://www.facebook.com/eredovoe.udozhestvo (18/01/2021).

Ермошина, К. (эл. ресурс): «Чёрный дым». https://t.me/lirika_project/587 (18/01/2021).

Ерохин, А. (2014): Литература анархизма // Седельник, В. / Кудрявцева, Т. (ред.): Литературный процесс в Германии на рубеже XIX–XX веков (течения и направления). М. 346-370.

Жабин, А. (эл. ресурс): «И грязь мы сделали высказыванием». Интервью с участниками поэтического панк-сборника «ЛИРИКА». https://moloko.plus/lirika (19/01/2021).

Жижек, С. (2017): О насилии / Пер. с английского А. Смирнова, Е. Ляминой. М.

Житенев, А. (2013): Мегафон как орудие производства // Colta.ru. https://syg.ma/@paviel-arsieniev/dien-rossii (19/01/2021).

Жохова, А. (2012): Поэзия протеста // Forbes. Август, 2012. 82-86.

Зайцева, А. (2010): Спектакулярные формы протеста в современной России: между искусством и социальной терапией // Неприкосновенный запас. 4 (72), 2010. 47-69. https://magazines.gorky.media/nz/2010/4/spektakulyarnye-formy-protesta-v-sovremennoj-rossii-mezhdu-iskusstvom-i-soczialnoj-terapiej.html (19/01/2021).

Замятин, Е. (2003): Мы // Замятин Е.И. Собрание сочинений: В 5 т. Т. 2. М. 211-368.

Зданевич, И. / Ларионов, М. (2009): Почему мы раскрашиваемся. Манифест футуристов // Терехина, В. / Зименков, А. (сост.): Русский футуризм: Стихи. Статьи. Воспоминания. СПб. 368-370.

Иванов, Вяч. (2007): По звездам. Борозды и межи. М.

Иванов, В. (2012): Смерть или больше: [Рец. на кн.: Летов Е. Стихи. М. 2011] // Новое литературное обозрение. 3 (115), 2012. 311-316. https://grob-hroniki.org/article/2012/art_2012-05-xxa.html (19/01/2021).

Изу, И. (2015): Леттризм. Тексты разных лет / Пер. с французского Марии Лепиловой. М.

«Карта поэтических действий» (эл. ресурс): http://map.trans-lit.info (19/01/2021).

Кинг, Д. (2005): Пропавшие комиссары. Фальсификация фотографий и произведений искусства в сталинскую эпоху / Пер. с английского Ю. Гусева. М.

Ковальчик, Я. (2015): Революция гномов. Оранжевая альтернатива в цитатах и высказываниях. 7 января 2015. https://culture.pl/ru/article/revolyuciya-gnomov-oranzhevaya-alternativa-v-citatah-i-vyskazyvaniyah (19/01/2021).

Козлов, Д. (2014): «Клином красным бей белых»: Геометрическая символика в искусстве авангарда. СПб.

Колесникова, Л. (2015): Маяковский «Haute Couture» // Теория моды: одежда, тело, культура. 37, 2015. 235-287. https://www.nlobooks.ru/magazines/teoriya_mody/37_tm_3_2015/article/11600/ (19/01/2021).

Корчагин, К. (эл. ресурс): Ры Никонова и трансфуристы. https://arzamas.academy/micro/visual/14 (19/01/2021).

Корчагин, К. (2018a): Поэзия авангарда в поисках тотальности (От Эзры Паунда до Аркадия Драгомощенко) // Поэтический журнал. Poetry Magazine. 1, 2018. 298-325.

Корчагин, К. (2018b): Смерть мерцающего субъекта: Егор Летов, Виктор Іванів, тотальность и концептуальное искусство // Доманский, Ю. / Корчинский, А. (ред.): Летовский семинар. Феномен Егора Летова в научном освещении. М. 197-209.

«Крайняя степень распада» (2017): Новое творение «Ленинграда» не выдерживает критики? // BFM.ru. 15 февраля 2017. https://www.bfm.ru/news/346813 (19/01/2021).

Краусс, Р. (2003): Подлинность авангарда и другие модернистские мифы / Пер. с английского А. Матвеевой, К. Кистяковской, А. Обуховой. М.

Кропоткин, П. (1919): Хлеб и Воля. Петербург.

Кропоткин, П. (1988): Записки революционера. М.

Кропоткин, П. (1999a): Идеалы и действительность в русской литературе // Кропоткин П.А. Анархия, ее философия, ее идеал: Сочинения. М. 253-593.

Кропоткин, П. (1999b): Анархия, ее философия, ее идеал: Сочинения. М.

Кропоткин, П. (2007): Взаимопомощь как фактор эволюции. М.

Крылов, М. (2016): Лирика // Волкова, Т. / Зубченко, Е. / Митенко, П. (ред.): МедиаУдар. Активистское искусство сегодня. II. М. 360-367.

Кудрявцев, С. (1995): Все — кино. Справочник. М.

Кузнецов, С. (2003): По ту сторону иметь и казаться: от Исидора Изу до Малколма Макларена, далее — везде // Новое литературное обозрение. 6 (64), 2003. http://magazines.russ.ru/nlo/2003/64/kuz15.html (19/01/2021).

Кузьмин, Д. (1996): Политическое в современной литературе: предмет, материал, рамка // Цирк Олимп. 12, 1996. 14.
http://www.cirkolimp-tv.ru/files/archive/kontsepty/kuzmin_12_96.pdf (19/01/2021).

Кузьмин, Д. (2001): В контексте // Славникова, О. / Кузьмин, Д. (ред.): Плотность ожиданий: Поэзия. М. 3-18. http://www.litkarta.ru/dossier/kuzmin-predislovie-plotnost-ozhidaniy/dossier_987 (19/01/2021).

Кузьминский, К. / Ковалев, Г. (сост., 1986): Антология новейшей русской поэзии у Голубой Лагуны. В 5 т. Т. 5Б. Newtonville.
https://kkk-bluelagoon.ru/tom5b/transpoety.htm (19/01/2021).

Кукулин, И. (2001): Как использовать шаровую молнию в психоанализе // Новое литературное обозрение. 6 (52), 2001.
https://grob-hroniki.org/article/2001/art_2001-11-xxa.html (19/01/2021).

Кукулин, И. (2015): Машины зашумевшего времени: Как советский монтаж стал методом неофициальной культуры. М.

Курышев, А. (2013): 6-may-victims. http://www.antonkuryshev.com/6-may-victims (19/01/2021).

Лаборатория (эл. ресурс): Лаборатория поэтического акционизма.
https://poetryactionism.wordpress.com (19/01/2021).

Лавров, А. (1995): Жизнь и поэзия Максимилиана Волошина // Волошин М. Стихотворения и поэмы. СПб. 5-66.

Левитский, Н. (эл. ресурс a): Ветер глубже чем может заняться огонь.
http://literatura.org/issue_poetry/3258-nikita-levitskiy-veter-glubzhe-chem-mozhet-zanyatsya-ogon.html (19/01/2021).

Левитский, Н. (эл. ресурс b): Костер. https://syg.ma/@kirill-korchaghin/nikita-lievitskii-kostier (19/01/2021).

Левитский, Н. (2018): Завтра я не иду на выборы и вот почему.
https://www.youtube.com/watch?v=h8qPfxpZpb4 (19/01/2021).

Лекторий альманаха [Транслит] (2013): Поэзия другими средствами. Новая Голландия. 5 августа 2013.
https://www.youtube.com/watch?v=Xjdl61HrDcQ&index=2&list=PLyLo3a166cIdS6F8t_PehY_mYg9-xAyOf (04/08/2020).

Ленин, В. (1963): Что делать? Наболевшие вопросы нашего движения // Ленин В.И. Полное собрание сочинений. Том 6. Январь — август 1902. М. 1-192.

Ленин, В. (1970): О внутренней и внешней политике республики // Ленин В.И. Полное собрание сочинений. Том 44. Июнь 1921 — март 1922. М. 291-329.

Ленинград (эл. ресурс a): Кабриолет.
https://www.youtube.com/watch?v=Z8qUoGdW88Q (28/01/2021).

Ленинград (эл. ресурс b): О группе. https://leningrad.top/about (19/01/2021).

Ленинград (эл. ресурс c): Кольщик. https://www.youtube.com/watch?v=ktiONWfSL48 (28/01/2021).

Леонтьев, Я. (2012): Анархизм и литературная богема России после 1917 г. // Корнилов, С. / Рябов, П. / Сидоров, И. / Сидоров, С. (ред.): Прямухинские чтения 2010 года. М. 125-134.

Леонтьев, Я. (2015): Добровольная сандружина им. Максимилиана Волошина // Анархия работает. Примеры из истории России: [антология]. М. 171-182.

Летов, Е. (1997): Я не верю в анархию (сборник статей). М. http://www.gr-oborona.ru/files/Letov_Egor._Ja_ne_verju_v_anarhiju.pdf (28/01/2021).
Летов, Е. (2001): Харакири // Еще 30 песен группы Гражданская Оборона. М. 9-10. https://grob-hroniki.org/books/book_30_pesen_2.html (28/01/2021).
Летов, Е. (2003a): Моя оборона // Летов Е. Стихи. М. 272-273. http://grob-hroniki.org/texts/go/t_el_m/moja_oborona.html (03/03/2021).
Летов, Е. (2003b): Всё летит в пизду // Летов Е. Стихи. М. 128-129. https://grob-hroniki.org/texts/go/t_el_v/vse_letit_v_pizdu.html (28/01/2021).
Летов, Е. (2003c): «На что я молюсь?..» // Летов Е. Стихи. М. 44. http://grob-hroniki.org/texts/go/t_el_n/na_chto_ja_molyusj.html (03/03/2021).
Летов, Е. (2005): Мы — лёд // Поэты русского рока: Е. Летов, Д. Ревякин, Я. Дягилева, К. Рябинов, В. Кузьмин, Н. Кунцевич. СПб. 72.
Летов, Е. (2016): Танец для мёртвых // Летов Е. Стихи. М. 525. https://grob-hroniki.org/texts/go/t_el_t/tanec_dlya_mertvyh.html (28/01/2021).
Лехциер, В. (2007): Феноменология «пере»: введение в экзистенциальную аналитику переходности. Самара.
Лехциер, В. (2012): Типы поэтической субъективности и медиа // Транслит. 12, 2012. 110-113.
Лиманов, К. (1998): Анархистская символика // Наперекор. Катализатор умственного брожения. 7, 1998. 55-59.
ЛИРИКА (эл. ресурс): https://t.me/lirika_project/6 (28/01/2021).
Ломоносов, М. (1986): Вечернее размышление о божием величестве при случае великого северного сияния // Ломоносов М.В. Избранные произведения. Л. 205-206. https://rvb.ru/18vek/lomonosov/01text/01text/02ody_d/031.htm (28/01/2021).
Лощинская, Н. (2016): Четвертый международный семинар «Зачеркнутое слово в перспективе художественного высказывания» // Русская литература. 2, 2016. 248-252. http://old.pushkinskijdom.ru/LinkClick.aspx?fileticket=fToLEo6utfw%3d&tabid=11310 (28/01/2021).
Лукоянов, Э. (эл. ресурс): Про бойню стоит говорить. Пять текстов. http://www.litkarta.ru/studio/participants/lukoyanov/pro-boinu/view_print (28/01/2021).
Лурье, С. (2009): Антифонт — творец древнейшей анархической системы / Вступ. ст. Д.И. Рублева. М.
Маккуайр, С. (2014): Медийный город: медиа, архитектура и городское пространство / Пер. с английского М. Коробочкина. М.
Малевич, К. (1995): Собрание сочинений в пяти томах. Том 1. Статьи, манифесты, теоретические сочинения и другие работы. (1913–1929). М.
Мамардашвили, М. (2009): Лекции по античной философии. М.
Мандельштам, Н. (2014): Собрание сочинений в двух томах. Т. 1: «Воспоминания» и другие произведения (1958–1967). Екатеринбург.
Мандельштам, О. (1994): Четвертая проза // Мандельштам О.Э. Собрание сочинений в 4 т. Т. 3. М. 167-179.
Манифест (2010): Манифест группы поэтического сопротивления // Транслит: литературно-критический альманах. 8, 2010. 40-43.
Марков, В. (1994): Огненный марш // Вуглускр. 2, 1994. 33.
Мартынов, М. (2014): Особенности анархического отрицания в контексте русской языковой картины мира // Полития: Анализ. Хроника. Прогноз (Журнал политической философии и социологии политики). 1, 2014. 14-21.

Мартынов, М. (2016a): Метатекстовые параметры повторов в творчестве Геннадия Айги // Russian Literature. 79-80, 2016. 135-145.

Мартынов, М. (2016b): Язык русского анархизма. М.

Мартынов, М. (2017a): Проблема границы в анархическом дискурсе // Przegląd Wschodnioeuropejski. VIII/2. 329-339.

Мартынов, М. (2017b): Радикальный черный. К вопросу о семантике черного цвета в анархическом дискурсе // Слово.ру: балтийский акцент. 4, 2017. 41-55.

Мартынов, М. (2017c): Междискурсивные основания анархистской символики (на примере «А в круге») // Критика и семиотика. 2, 2017. 360-375.

Мартынов, М. (2018a): Особенности русского анархического дискурса в постсоветскую эпоху // Философская мысль. 10, 2018. 43-51.

Мартынов, М. (2018b): Авангардное искусство в пространстве современного города // Зборник Матице српске за славистику. 93, 2018. 249-264.

Мартынов, М. (2018c): Особенности конструирования субъекта в «поэзии вычеркиваний» // Шталь, Х. / Евграшкина, Е. (ред.): Субъект в новейшей русскоязычной поэзии — теория и практика. [Neuere Lyrik: Interkulturelle und interdisziplinäre Studien. Band 4]. Berlin. 425-440.

Мартынов, М. (2019): «Завтра я не иду на выборы и вот почему». Критика документа в современном российском арт-активизме // Ичин, К. (ред./сост.): Искусство и революция: сто лет спустя: сборник статей. Белград. 432-443.

Мартынов, М. (2020): «Я не верю в анархию». К вопросу об идеологических основаниях творчества Егора Летова // Критика и семиотика. 2, 2020. 388-400.

Мартынов, М. (2021): Между страхом и «сладким ужасом»: случай «Кольщика» // Россомахин, А. (науч. ред./сост.): РОДНАЯ РЕЧЬ [Содержит нецензурную брань!]: От протопопа Аввакума до Сергея Шнурова. СПб. (В печати.).

Маяковские чтения (эл. ресурс): Страница «Маяковских чтений» в ВКонтакте. https://vk.com/mayakovskie (01/02/2021).

Маяковский, В. (1959): Как делать стихи? // Маяковский В.В. Полное собрание сочинений: В 13 т. Т. 12. Статьи, заметки и выступления: (Ноябрь 1917–1930). М. 81-117.

Мейлах, М. (2004): Поэзия и власть // Киселева, Л. / Лейбов, Р. / Фрайман, Т. (ред.): Лотмановский сборник. 3. М. 717-743.

Милграм, С. (2000): Эксперимент в социальной психологии / Пер. с английского Н. Вахтиной и др. СПб.

Милова, М. (1991a): Стихи. Тверь.

Милова, М. (1991b): Анархия в сердце // Бунтарь. Издание тверской организации Конфедерации Анархо-синдикалистов. Май 1991. 4.

Милова, М. (1991c): Два цвета // Бунтарь. Издание тверской организации Конфедерации Анархо-синдикалистов. 14, 1991. 2.

Милова, М. (1991d): Знамена // Черное знамя. 1, 1991. 3.

Милова, М. (1994): Черная Звезда // Бунтарь. Издание тверской организации Конфедерации Анархо-синдикалистов. 19, 1994. 3.

Мирзаев, А.М. (2011): Цвет и его «бытование» в поэзии Тихона Чурилина // Цвет в искусстве авангарда. Материалы международной научной конференции. СПб. 32-45.

Митенко, П. / Шассен, С. (2017): Третья волна акционизма: искусство свободного действия во время реакции // Художественный журнал. 102, 2017. http://moscowartmagazine.com/issue/60/article/1241 (01/02/2021).

Молок, Н. (1998): Тюрьма как лаборатория // Художественный журнал. 19-20, 1998. 9.

Нанси, Ж.-Л. (2011): Непроизводимое сообщество / Пер. с французского Ж. Горбылевой и Е. Троицкого. М.

Напреенко, Г. (2015): «Студия на Буракова, 27». Лекция из цикла «Древо современного русского искусства». Музей «Гараж», 11 сентября 2015. https://www.youtube.com/watch?v=sUOrUvYRBio (01/02/2021).

Ницше, Ф. (2012): К генеалогии морали / Пер. с немецкого К.А. Свасьян // Ницше, Ф. Полное собрание сочинений: В 13 томах. Т. 5: По ту сторону добра и зла. К генеалогии морали. Случай «Вагнер». М. 229-381.

Нокс, М. (1998): I love you, I want you, I need you... // Осколки. 9, 1998. http://yanka.lenin.ru/stat/love_you.htm (01/02/2021).

Обатнина, Е. (2013): Художник и История, или Как сделан «Памятник погибшим анархистам» // Новое литературное обозрение. 4 (122), 2013. 198-225. http://www.intelros.ru/readroom/nlo/122-2013/20569-hudozhnik-i-istoriya-ili-kak-sdelan-pamyatnik-pogibshim-anarhistam.html (01/02/2021).

Оборин, Л. / Серенко, Д. (2016): «Что такое тихий пикет — и что за человек стоит за плакатом?» // colta.ru. 7 мая 2016 года. http://www.colta.ru/articles/specials/11000 (01/02/2021).

Осминкин, Р. (эл. ресурс a): Иисус спасает — патриарх карает: «техно-поэзия» как прием. https://syg.ma/@roman-osminkin/iisus-spasaiet-patriarkh-karaiet-tiekhno-poeziia-kak-priiem-zviezda (01/02/2021).

Осминкин, Р. (эл. ресурс b): Синопсис к лекции «Как среда конструирует городской текст» https://t.me/romansergeevitchosminkin/586 (01/02/2021); https://www.youtube.com/watch?v=evNMG1G75UI (01/02/2021).

Осминкин, Р. (2017): О «тихом пикете» Д. Серенко // Транслит. 19, 2017. 133-134.

Отто, Р. (2008): Священное: об иррациональном в идее божественного и его соотношении с рациональным / Пер. с немецкого А.М. Руткевич. СПб.

О'Хара, К. (2003): Философия панка: больше, чем шум! / Пер. с английского О. Аксютиной. М.

Очиров, А. (2010): Палестина. Поэма. СПб. / М.

Пастуро, М. (2017): Черный. История цвета / Пер. с французского Н. Кулиш. М.

Платон. (2007): Федон // Платон. Сочинения в четырех томах. Т. 2 / Под общ. ред. А.Ф. Лосева и В.Ф. Асмуса. СПб. 11-96.

Платоненко, В. (2007): Несостоявшаяся сделка // Чёрная звезда. Газета рабочих-анархистов. Сентябрь. 14, 2007. 12.

Платоненко, В. (2008): За сколько? // Чёрная звезда. Газета рабочих-анархистов. Апрель. 16, 2008. 12.

Платоненко, В. (2020): Стихи о заключенных анархистах // Автономное действие. 13 февраля 2020. https://avtonom.org/blog/stihi-o-zaklyuchennyh-anarhistah (01/02/2021).

Подорога, В. (2015): Время После. ОСВЕНЦИМ и ГУЛАГ: Мыслить абсолютное Зло. М.

Подорога, В. (2016): Событие и массмедиа // Подорога, В. (ред.): Посредник. Массмедиа, общество и культура. М. 30-98.

«Подробности взрыва» (1993): http://diy-zine.com/zines/podrobnosti-vzryva-1 (04/02/2021).

Подшивалов, И. (1992): Мы играли по-честному // Община. 48 (ноябрь), 1992. 4-5.

Полан, Ж. (2000): Тарбские цветы, или Террор в изящной словесности / Пер. с французского А. Шестакова. СПб.

Поляков, Д. (2015): Постанархизм. Сол Ньюмен и теория новой радикальной политики // Философские науки. 6, 2015. 50-56.

Порус, В. (2015): «Негативная онтология» Н.А. Бердяева и А.Н. Чанышева: социально-эпистемологическая ретроспекция // Онтология негативности: Сборник научных трудов. М. 142-181.

Прудон, П.-Ж. (1865): Искусство, его основания и общественное назначение / Пер. под ред. Н. Курочкина. Санкт-Петербург.

Прудон, П.-Ж. (1998): Что такое собственность? или Исследование о принципе права и власти / Перевод Е. и И. Леонтьевых // Прудон, П.-Ж. Что такое собственность? или Исследование о принципе права и власти; Бедность как экономический принцип; Порнократия, или Женщины в настоящее время. М. 6-202.

Республиканский список (эл. ресурс): Республиканский список экстремистских материалов. http://mininform.gov.by/documents/respublikanskiy-spisok-ekstremistskikh-materialov/ (04/02/2021).

Россомахин, А. (2017): «В Питере — пить!» как визуальный пастиш и подрывной жест // Новое литературное обозрение. 6 (148), 2017. 189-202. https://www.nlobooks.ru/magazines/novoe_literaturnoe_obozrenie/148_nlo_6_2017/article/19400/ (04/02/2021).

Рублев, Д. (2012): Анархизм и литературная богема России (1900-е — 1918 гг.) // Корнилов, С. / Рябов, П. / Сидоров, И. / Сидоров, С. (ред.): Прямухинские чтения 2010 года. М. 110-125.

Рублев, Д. (2013): Сергей Есенин и анархисты // Воронова, О. / Шубникова-Гусева, Н. (ред.): Сергей Есенин и русская история. Сб. трудов по материалам Международной научной конференции, посвященной 117-летию со дня рождения С.А. Есенина и Году российской истории. М. / Константиново / Рязань. 164-178.

Рублев, Д. (2014): Есенин в анархистской прессе России и Русского Зарубежья // Воронова, О. / Шубникова-Гусева, Н. (ред.): Сергей Есенин и искусство. Сб. науч. трудов. М. 510-519.

Руднев, В. (2001): «Мастер и Маргарита» // Руднев В. Энциклопедический словарь культуры XX века. М. 226-229.

Рябов, П. (эл. ресурс): Анархизм в искусстве. https://www.youtube.com/watch?v=poMHslbqcso (04/02/2021).

Рябов, П. (2011): Анархизм: сегодня, здесь, сейчас // Корнилов, С. / Лаврентьева, А. / Рябов, П. / Сидоров, И. / Сидоров, С. (ред.): Прямухинские чтения 2009 года. М. 89-103.

Рябов, П. (2020): Краткий очерк истории русского анархизма. От Феодосия Косого до Алексея Борового. М.

Самутина, Н. (2014): Пружинки Гамбурга: граффити-райтер Oz и невидимое сообщество видящих // Бредникова, О. / Запорожец, О. (ред.): Микроурбанизм. Город в деталях. М. 316-345.

Сарнов, Б. (2011): Империя зла: Судьбы писателей. М.

Святогор (2017): Поэтика. Биокосмизм. (А)теология. М.

Селищев, А. (2003): Труды по русскому языку. Т. 1. Язык и общество. М.

Семеляк, М. (2004): Жизнь как чудо. Интервью с Егором Летовым // Афиша. 13-26 сентября, 2004. 35-40. http://www.gr-oborona.ru/pub/pub/1095686537.html (04/02/2021).

Серебряная, О. (2013): И речь не о силе слов // Радио Свобода. 13 июня 2013. https://www.svoboda.org/a/25016220.html?utm_referrer=https://syg.ma (04/02/2021).

Серенко, Д. (эл. ресурс): Поголовно официальный текст. https://vk.com/dariaserenko?w=wall24523052_20219 (04/02/2021).

Серенко, Д. (2017): Предметы против осмотра // Транслит. 19, 2017. 129-132. http://www.trans-lit.info/materialy/19/darya-serenko-predmety-protiv-osmotra (04/02/2021).

Сигей, С. (1984): Распил. Фрагм. 2 (из цикла «Объединенные букводействия») // Транспонанс. 25 (ноябрь-декабрь), 1984. 116-117. https://samizdatcollections.library.utoronto.ca/islandora/object/samizdat%3A10192 (04/02/2021).

Симакова, М. (2016): Пикетируя повседневность. Интервью об акции «Тихий пикет» // Открытая левая. 7 мая 2016. http://openleft.ru/?p=8145 (04/02/2021).

Скиперских, А. (2013): Политические перформансы арт-группы «23:59» в дискурсе литературных текстов // Вестник ВГУ. Серия: История. Политология. Социология. 2, 2013. 172-176.

Смирнов, И. (1999): Мирская ересь (психоантропологические заметки о философии анархизма) // Смирнов, И. Человек человеку — философ. СПб. 297-327.

Смирнов, И. (2012): Онтоанархизм Казимира Малевича // Ичин, К. (ред.): Искусство супрематизма. Белград. 7-27.

Сонтаг, С. (2014): Воображая катастрофу / Пер. с английского Б. Дубина // Сонтаг С. Против интерпретации и другие эссе. М. 223-241.

Сопротивление поэзии (эл. ресурс): Сопротивление поэзии. Поэтическо-дискуссионная серия мероприятий альманаха [Транслит]. http://www.trans-lit.info/meropriyatiya/anonsy/soprotivlenie-poezii (04/02/2021).

Список лидеров советского кинопроката (эл. ресурс): https://ru.wikipedia.org/wiki/Лидеры_советского_кинопроката (04/02/2021).

Степанов, Ю. (2004): Протей: Очерки хаотической эволюции. М.

Сурат, И. (2016): Откуда «ворованный воздух»? // Новый мир. 8, 2016. 184-191.

Суховей, Д. (2008): Графика современной русской поэзии (диссертация кандидата филологических наук). СПб.

Техно-поэзия (эл. ресурс): Страница кооператива «Техно-поэзия» в российской социальной сети ВКонтакте. https://vk.com/technopoezia (04/02/2021).

Тов. Лед Под Ногами Майора. (2003): Украл? Выпил?.. В тюрьму!!! // Ситуация. 1, 2003. 2.

Толстой, Л. (1957): Царство Божие внутри вас, или Христианство не как мистическое учение, а как новое жизнепонимание // Толстой, Л.Н. Полное собрание сочинений. Том 28. М. 1-293.

Тэкер, Б. (1908): Вместо книги: Написано человеком, слишком занятым, чтобы писать книгу. М.

Тюпа, В. (2014): Перформативные основания лирики // Меньшикова, Ю.В. (ред.): XLII Международная филологическая конференция, Санкт-Петербург, 11–16 марта 2013 года: Избранные труды. СПб. 306-314.

Ульвен, Т. (2010): Избранное: стихи / Пер. с норвежского И. Трера и Д. Воробьева при участии М. Нюдаля и Г. Вэрнесса. Кноппарп / Чебоксары.

Файяд, А. (эл. ресурс): Из книги «Инструкции прилагаются» / Пер. с арабского А. Шипулиной и С. Львовского. https://www.colta.ru/articles/literature/9794-ashraf-fayyad-solidarnost-s-poetom (04/02/2021).

Фаликов, Б. (2017): Величина качества. Оккультизм, религии Востока и искусство XX века. М.

Фанайлова, Е. (2016): Солидарность слабых // Радио Свобода. 28 февраля 2016. https://www.svoboda.org/a/27575952.html (04/02/2021).

Фокин, С. (2000): Парадоксы Жана Полана // Полан, Ж. Тарбские цветы, или Террор в изящной словесности. СПб. 5-22.

Фронт освобождения геев (эл. ресурс): https://ru.wikipedia.org/wiki/Фронт_освобождения_геев (04/02/2021).

Фуко, М. (1994): Слова и вещи. Археология гуманитарных наук / Пер. с французского В.П. Визгина, Н.С. Автономовой. СПб.

Фуко, М. (1999): Надзирать и наказывать: Рождение тюрьмы / Пер. с французского В. Наумова. М.

Хабермас, Ю. (2003): Философский дискурс о модерне / Пер. с немецкого М.М. Беляева, К.В. Костина, Е.Л. Петренко, И.В. Розанова, Г.М. Северской М.

Хаким-Бей. (2002): Хаос и анархия. Революционная сотериология / Пер. с английского О. Бараш, Д. Жутаева, Д. Каледина. М.

Ходасевич, В. (1996): Кровавая пища // Ходасевич, В. Некрополь (Воспоминания). Литература и власть. Письма Б. А. Садовскому. М. 268-272.

Целан, П. (2019): Решётка языка// Целан П. Избранные стихотворения / Пер. с немецкого Н. Болдырева-Северского. М. 86, 339.

Черная Мэри. (2009): Черный Блок: взгляд изнутри // Автоном. 5 июля 2009. https://avtonom.org/pages/chernyy-blok-vzglyad-iznutri (04/02/2021).

Черкасов, А. (2015а): Блэкауты // Воздух. 1-2, 2015. http://www.litkarta.ru/projects/vozdukh/issues/2015-1-2/cherkasov (04/02/2021).

Черкасов, А. (2015b): Домашнее хозяйство. Избранное из двух колонок. М.

Черкасов, А. (2018): Ветер по частям. Ozolnieki.

Черкасов, А. (2019): Лекция «Практики поэтического вычитания: круг источников», 30 ноября 2019 года. Чебоксары, Национальная Библиотека Чувашской Республики. https://www.youtube.com/watch?v=qWhYeoHgNVY (04/02/2021).

Честертон, Г. (1990): Человек, который был Четвергом (Страшный сон) / Пер. с английского Н. Трауберг // Честертон, Г. Избранные произведения. В 3 т. Т. 1. М. 145-258.

Шавловский, К. (2008): «СССР — это олимпийки, уже, кстати, немодные». С Сергеем Шнуровым беседует Константин Шавловский // Сеанс. 35/36, 2008. https://seance.ru/articles/sergey-shnurov-sssr-eto-olimpiyki-uzhe-kstati-nemodnyie (09/02/2021).

Шапир, М. (1995): Эстетический опыт XX века: авангард и постмодернизм // Philologica. 2 (3-4), 1995. 135-143.

Шелли, П. (1907): Маскарад анархии // Шелли, П. Полное собрание сочинений в 3 томах. Т. 3. Поэмы и драмы (1819–1822) / Пер. К.Д. Бальмонта. СПб. 2-17.

Шершеневич, В. (1996): Искусство и государство // Шершеневич, В. Листы имажиниста: Стихотворения. Поэмы. Теоретические работы. Ярославль. 375-376.

Шмитт, К. (1992): Понятие политического // Вопросы социологии. 1, 1992. 37-67.

Шостак, Г. (2018): Егор Летов и Миша Панк: преемственность традиций // Доманский, Ю. / Корчинский, А. (ред.): Летовский семинар. Феномен Егора Летова в научном освещении. М. 184-196.

Шталь, Х. (2020): Субъект в партиципационной русскоязычной поэзии на Ютубе // Шталь, Х. / Евграшкина, Е. (ред./сост.): Субъект и лиминальность в современной поэзии. Том 8.1. Границы, пороги, лиминальность и субъективность в современной русскоязычной поэзии. Berlin. 283-307.

Элиаде, М. (1994): Священное и мирское / Пер. с французского Н.К. Гарбовского. М.

Эрманд, Р. (1919): На чужбине // Жизнь и творчество русской молодежи. Иллюстрированный общественно-политический и литературно-научный еженедельник. Орган Всероссийской федерации анархистской молодежи. 26-27, 1919. 7.

Эрманд, Р. (1921): Сумерки жизни // Вольная жизнь. 13-14, 1921. 1.

Эткинд, А. (2016): Кривое горе: Память о непогребенных. М.

Юдин, А. (2017): «Тандем в России больше, чем тандем». Проект *Гражданин Поэт* Андрея Васильева, Дмитрия Быкова и Михаила Ефремова как зеркало неслучившейся революции // Russian Literature. 87-89, 2017. 331-374.

Юнгер, Ф. (2005): Язык и мышление / Пер. с немецкого К.В. Лощевского. СПб.

Юрчак, А. (2014): Это было навсегда, пока не кончилось. Последнее советское поколение. М.

Яичникова, Е. (2012): Художественный активизм vs художественные исследования // Художественный журнал. 86-87, 2012. http://moscowartmagazine.com/issue/11/article/152 (09/02/2021).

Ямпольский, М. (2004): Физиология символического. Книга 1. Возвращение Левиафана. Политическая теология, репрезентация власти и конец Старого режима. М.

CrimethInc. (2010): Анархия в эпоху динозавров. Написано Бригадой Любопытного Джорджа. М.

Hate to state (эл. ресурс): HATE TO STATE — значит НЕНАВИСТЬ К ГОСУДАРСТВУ. Но не только. Лирический монолог дуэтом Игоря и Мао. https://piter.anarhist.org/volja12-12.htm (09/02/2021).

L'Avant-Garde (эл. ресурс): Титульная страница швейцарской анархистской газеты «Авангард». https://de.wikipedia.org/wiki/L%E2%80%99Avant-Garde#/media/Datei:L'Avant-Garde.png (09/02/2021).

NAZI PUNKS FUCK OFF! (2000): NAZI PUNKS FUCK OFF! // Воля. Международная анархическая газета. 12, 2000. https://piter.anarhist.org/volja12-10.htm (09/02/2021).

Antliff, A. (2007): Anarchy and Art. From the Paris Commune to the Fall of the Berlin Wall. Vancouver.

Avrich, P. (1967): The Russian Anarchists. Princeton.

Bervin, J. (2003): Nets, 2003. http://jenbervin.com/projects/nets (09/02/2021).

Bollen, K. (2012): Guerrilla Warriors on the Brooklyn Bridge: A Case Study of the Unbearables' Poetic Terrorism (1994–2000). In: Zeitschrift für Anglistik und Amerikanistik (ZAA). 60.2, 2012. 155-172.

Burroughs, W. (2003): The Cut-Up Method of Brion Gysin. In: Wardrip-Fruin, N. / Montfort, N. (eds.): The New Media Reader. Cambridge / London. 89-91.

Călinescu, M. (1987): Five Faces of Modernity. Modernism, Avant-Garde, Decadence, Kitsch, Postmodernism. Durham, NC.

Chinnici, G. / Iconoclasti, G. (2008): A-cerchiata. Storia veridica ed esiti imprevisti di un simbolo. Milano. https://anarkobiblioteka.files.wordpress.com/2016/08/a-cerchiata-storia-veridica-ed-esiti-imprevisti-di-un-simbolo-varios.pdf (09/02/2021).

CrimethInc. (2013): English and the Anarchists' Language. https://ru.crimethinc.com/2013/05/23/anarchism-and-the-english-language-english-and-the-anarchists-language (09/02/2021).
Davis, L. (2019): Individual and Community. In: Levy, C. / Adams, M. (eds.): The Palgrave Handbook of Anarchism. Cham. 47-69.
Egbert, D. (1970): The Idea of "Avant-garde" in Art and Politics. In: Leonardo. 3 (1), 1970. 75-86.
Farr, R. (2010): Poetic License: Hugo Ball, the Anarchist Avant-garde, and Us. In: Shantz, J. (ed.): A Creative Passion: Anarchism and Culture. Cambridge. 15-29.
Foer, J. (2010): Tree of Codes. https://www.youtube.com/watch?v=dsW3Y7EmTlo (09/02/2021).
Garfinkel, H. (1964): Studies of the Routine Grounds of Everyday Activities. In: Social Problems. 11 (3), 1964. 225-250.
Gibbard, P. (2005): Herbert Read and the Anarchist Aesthetic. In: Klaus, H. / Knight, S. (eds.): To Hell with Culture: Anarchism and Twentieth-Century British Literature. Cardiff, Wales. 97-110.
Gifford, J. (2019): Literature and Anarchism. In: Levy, C. / Adams, M. (eds.): The Palgrave Handbook of Anarchism. Cham. 571-588.
Goodway, D. (2012): Literature and Anarchism. In: Kinna, R. (ed.): The Continuum Companion to Anarchism. London / New York. 192-211.
Gordon, U. (2008): Anarchy Alive! Anti-Authoritarian Politics from Practice to Theory. London.
Gordon, U. (2017): Prefigurative Politics between Ethical Practice and Absent Promise. In: Political Studies. 1, 2017. 1-17.
Graeber, D. (2007): The Twilight of Vanguardism. In: MacPhee, J. / Reuland, E. (eds.): Realizing the Impossible: Art Against Authority. Oakland. 250-253.
Graeber, D. (2009): Anarchism, Academia, and the Avant-garde. In: Amster, R. / DeLeon, A. / Fernandez Luis, A. / Nocella, A. II / Shannon, D. (eds.): Contemporary Anarchist Studies: An Introductory Anthology of Anarchy in the Academy. New York. 103-112.
Gurianova, N. (2012): The Aesthetics of Anarchy. Art and Ideology in the Early Russian Avant-Garde. Berkeley.
Jeppesen, S. (2011): Becoming Anarchist: The Function of Anarchist Literature. In: Anarchist Developments in Cultural Studies. 2, 2011. 189-213.
Kansa, S. (2010): William S. Burroughs: The Rock God. In: Beatdom. 7, 2010. 20-24.
Kirchner, E. (1913): Die Zirkusreiterin. https://commons.wikimedia.org/wiki/File:Ernst_Ludwig_Kirchner_Zirkusreiterin_1913-1.jpg (09/02/2021).
Kleon, A. (2010): Newspaper Blackout. https://austinkleon.com/newspaperblackout (09/02/2020).
LaBelle, B. (2018): Sonic Agency. Sound and Emergent Forms of Resistance. London.
Leighten, P. (2007): Reveil Anarchiste: Salon Painting, Political Satire, Modernist Art. In: MacPhee, J. / Reuland, E. (eds.): Realizing the Impossible: Art Against Authority. Oakland. 27-41.
Marshall, P. (1988): William Blake: Visionary Anarchist. London.
Mattin / Iles, A. (eds., 2009): Noise & Capitalism. San Sebastián. http://artxibo.arteleku.net/en/islandora/object/arteleku%3A374 (09/02/2021).
Miller, D. (1984): Anarchism. London / Melbourne.
Milstein, C. (2010): Anarchism and Its Aspirations. Oakland, CA.
Newman, S. (2001): From Bakunin to Lacan: Anti-authoritarianism and the Dislocation of Power. Lanham.

Newman S. (2004): Anarchism and the Politics of Ressentiment. In: Moore, J. (ed.): I am not a Man, I am Dynamite: Friedrich Nietzsche and the Anarchist Tradition. New York. 107-126. http://libcom.org/library/anarchism-and-the-politics-of-ressentiment-saul-newman (09/02/2021).

Orr, D. (2008): The Politics of Poetry. In: Poetry. 192 (4), 2008. 409-418.

Paraskos, M. (2015): Four Essays on Art and Anarchism. Mitcham.

Paris Burns (эл. ресурс a): https://t.me/s/parisburns (09/02/2021).

Paris Burns (эл. ресурс b): https://t.me/parisburns/8316 (09/02/2021).

Phillips, T. (1966): A Humument: A Treated Victorian Novel. http://www.tomphillips.co.uk/humument (09/02/2021).

Pollari, N. (2017): Form N-400 Erasures. http://magazine.nytyrant.com/form-n-400-erasures (09/02/2021).

Ruefle, M. (2006): A Little White Shadow. https://www.poetryfoundation.org/poems/48802/a-little-white-shadow (09/02/2021).

Sears, R. (2017): The Beautiful Poetry of Donald Trump. Edinburgh.

Smith, T. (2017): Declaration. In: The New Yorker. November 6, 2017. https://www.newyorker.com/magazine/2017/11/06/declaration (09/02/2021).

Spinosa, D. (2018): Anarchists in the Academy: Machines and Free Readers in Experimental Poetry. Edmonton.

Weir, D. (1997): Anarchy and Culture: The Aesthetic Politics of Modernism. Amherst.

Williams, K. (2013): Anarchism and the English Language. https://ru.crimethinc.com/2013/05/23/anarchism-and-the-english-language-english-and-the-anarchists-language (09/02/2021).

Zizek, S. (2019): The Rise of Obscene Masters: A Masterclass with Slavoj Zizek. Birkbeck, University of London. November 20-21, 2019. http://www.bbk.ac.uk/events/remote_event_view?id=8088 (03/03/2021).

www.ingramcontent.com/pod-product-compliance
Lightning Source LLC
Chambersburg PA
CBHW052025290426
44112CB00014B/2386